CALLWEY

Traumhafte GartenParadiese

Joan Clifton

Traumhafte GartenParadiese

Terrassen, Gartenhöfe, Vorgärten

Fotos von Steven Wooster

Callwey

Inhalt

Einführung

Der Innen- oder Gartenhof, der Jahrhunderte lang ein wichtiger Bestandteil häuslicher Architektur war, erlebt in den kleinen Gärten und Dachterrassen von heute eine Wiedergeburt. Ursprünglich war er ein von vier Mauern umgebener, durch ein Tor zugänglicher Raum, der als Eingangsbereich des Hauses diente und den Bewohnern zusätzliche Sicherheit verschaffte. Heute rechnen wir neben dem abgeschlossenen Hofbereich auch Terrassen, Hofräume und Patios dazu.

Die alten Ägypter waren die ersten, die vor wenigstens 5000 Jahren das Konzept des Innenhofes entwickelten, indem sie mit grünen Oasen eine schützende Pufferzone zur rauen Umwelt außerhalb der Mauern schufen. Je weiter sich die Zivilisation entwickelte, desto ausgeklügelter wurden die Höfe; vor allem in heißen Regionen wurden sie zu Oasen der Ruhe und Entspannung unter schattenspendenden Palmen und kühlenden Brunnen. Dieser formale Innenhof war mit Natursteinplatten oder Kopfsteinen ausgelegt; er lag versteckt im Zentrum des Hauses oder Palastes, dessen Fenster auf ihn hinausgingen.

Trotz aller stilistischer Veränderungen ist der Innenhof in der Gegenwart so modern wie vor Jahrhunderten. Der Gartenhof von heute hat das Konzept der Abgeschlossenheit beibehalten, umfasst aber häufig den gesamten Außenraum. Gerade bei kleinen Gärten, ganz besonders in dicht bebauter städtischer Umgebung, werden durch die Abgeschiedenheit und Privatsphäre romantische Illusionen möglich. Die relativ geringe Größe erlaubt es, in hochqualitative Landschaftsgestaltung, Spezialeffekte sowie eine verschwenderische Bepflanzung zu investieren, welche in dem geschützten Mikroklima besonders gut gedeiht.

In Japan, wo Bauland geradezu unerschwinglich ist, hat sich eine eigene Design-Philosophie des Innenhofes entwickelt, die unter anderem den „Betrachtungsgarten“ umfasst – eine Miniaturlandschaft, die von innen durch Fenster oder Türen oder von einer Schauterrasse aus gesehen und meditativ aufgenommen wird.

Dieses Buch konzentriert sich auf die Gestaltung von Terrassen und Höfen im Hinblick auf eine differenzierte Lebensführung. Von der Warte des Bewohners gesehen werden fünf sehr unterschiedliche Interieurs vorgestellt: der elegante Hof, der gastfreundliche Raum, der ländliche Innenhof, das besinnliche Refugium und ein Ort für modernes Design, wobei jedes Thema durch eine praktische Fallstudie ergänzt wird. Darauf folgt eine Analyse der Hauptelemente – Skulptur und Ornamentik, Möblierung und Brunnenelemente –, die den verschiedenen Stilrichtungen entsprechen. Dies soll dazu beitragen, dem Leser Vorschläge für die persönliche Gestaltung nahe zu legen.

Abgeschlossenheit und Privatsphäre sind der Kern des Gartenhofs, dem umgebende Mauern und Zäune gleichzeitig als Schutz vor unliebsamen Ein- und Ausblicken und als dekorativer Hintergrund für die ganz private Inszenierung dienen. Die Umfriedung sollte so hoch sein, dass sie für Sichtschutz sorgt und das Augenmerk auf die innere Gestaltung lenkt, aber nicht so hoch, dass eine klaustrophobische Atmosphäre entsteht, in der der Raum klein und bedrückend wirkt. Die Mauern sollten sich ins Design einfügen und lassen sich für illusionistische Spezialeffekte nutzen: Eine *Trompe l'oeil*-Treillage lässt den Raum größer erscheinen; Spiegelflächen reflektieren Licht und täuschen einen weiteren Raum vor; Wandgemälde entführen ins Land der Fantasie. Rankgitter für die überaus wichtigen Kletterpflanzen dienen als dekorative Elemente vor einer Wand oder als Aufsatz auf Mauer oder Zaun.

Die Berücksichtigung dreidimensionalen Designs ist bei einem abgeschlossenen Raum besonders wichtig, da es Blickpunkte und Perspektiven entstehen lässt. Niveauwechsel mit Hilfe von Stufen und Terrassierungen, Hochbeeten und Brunnen verwandeln ein flaches Grundstück in eine Reihe interessanter Räume. Die Wege unter unseren Füßen trennen und verbinden und sind ein bestimmendes Element bei der Schaffung versteckter und geheimnisvoller Gartenteile.

Die architektonischen Elemente, zu denen Bodenbelag und Umfriedungen zählen, entwickeln sich leicht zum bestimmenden Designelement eines Gartenhofs, wenn die Bepflanzung kein entsprechendes Gegengewicht bildet. Auch die Ausführung baulicher Elemente wirkt sich auf das gesamte Erscheinungsbild aus. Daher sind bereits vor dem ersten Arbeitsschritt die Eigenschaften unterschiedlicher Steine, Metalle und Holzarten zu bedenken. Verschiedenste Texturen stehen zur Wahl, wobei die möglichen Oberflächen – nimmt man als Beispiel nur den Naturstein – von spiegelblank poliert über glatt und matt bis hin zu rau und unverfälscht reichen. Die getroffene Wahl kann das Ambiente und den Designstil verändern. Dies ist ein komplexer und kostspieliger Teil des Designs, bei dem Haltbarkeit und Eignung ebenfalls zu bedenken sind. Aus diesem Grund konzentriert sich ein Abschnitt des Buches ganz auf die Materialien für Böden, Umfriedungen und bauliche Elemente sowie auf unterschiedliche Oberflächenbehandlungen.

Die bauliche Struktur des Hofes bildet den Rahmen für die Bepflanzung, das weiche Designelement. Pflanzen wiederum weisen ähnlich unterschiedliche Charakteristika auf wie die harten Designelemente: Ihre Textur und Form sind durch Eigenschaften gekennzeichnet, die ebenfalls von stark und dynamisch bis hin zu weich und sanft rangieren. Versuchen Sie den persönlichen Stil einer Anpflanzung zu erkennen, der gut in das Bild passt, das Ihnen vorschwebt.

Wasser bringt eine zusätzliche Dimension ins Spiel; es befördert ganz unterschiedliche Stimmungen. Ein Naturteich mit Binsen und blühenden Schwertlilien erzeugt Ruhe und Gelassenheit, ein Wasserfall dagegen, der sich in einen Teich ergießt, lärmende Spannung. Klassische Formalität, subtile Natürlichkeit und technischer Fortschritt finden jeweils eigene Nischen im Ambiente eines Innenhofes. Das Element Wasser will versuchen – lassen Sie sich verführen.

Ob Whirlpool oder murmelnde Rinne, Karpfenteich oder Swimmingpool: Allein Ihre Wünsche und Ihr Portemonnaie bestimmen Stil und Größe.

oben rechts *Das kleinformatige „Stallpflaster" entspricht in seinen Dimensionen der Intimität dieser Stadtterrasse. Eine dichte immergrüne Hecke sichert die Privatsphäre der Bewohner.*
gegenüber *Die stattliche Erscheinung der überdimensionierten Terrakotta-Gefäße macht diesen klassischen Hof im italienischen Stil optisch größer.*
vorhergehende Seite *Formgehölze bringen elegante Formalität in einen Garten mit ungewöhnlicher Möblierung.*

Für die meisten Menschen ist ein Gartenhof oder eine Terrasse ein Ort der Ruhe und Entspannung, wo wir mit der Familie Zeit verbringen und uns mit Freunden treffen, die alle bequem sitzen und essen wollen. Die passenden Möbel zu finden kann jedoch eine ziemliche Herausforderung sein, da sie nicht nur einen Beitrag zum Gartendesign leisten, sondern auch unterschiedlichen geselligen Situationen genügen sollen. Als wäre das nicht schon ausreichend, müssen sie außerdem dem Verschleiß durch Sonne und Regen standhalten, sofern man sie nicht unter Dach unterbringen kann. Angesichts der Vielzahl an Formen und Materialien – vom Lehnstuhl aus massivem Teakholz bis zur leichten Liege aus Aluminium, vom Bezahlbaren bis hin zur Geldanlage – lohnt es sich, ein wenig Zeit zu investieren und ein Design auszuwählen, das dauerhafte Freude und Haltbarkeit verspricht.

Jeder Gartenraum bietet etlichen Spielraum für wirkungsvolle Effekte; eine sorgfältig geplante Beleuchtung kann einen tagsüber

oben *Töpfe voller bunter Blumen und ein rustikaler Verputz gestalten diese Stiege in einem lichtdurchtränkten mediterranen Innenhof besonders attraktiv.*
rechts *Niedrige, mit alten Tonziegeln belegte Mauern bilden die schön texturierte Begrenzung dieses mediterranen Hofes. Mit ihrem sanft abgetönten Verputz treten sie hinter den geschlossenen Rundungen der Formsträucher sowie den spitzen Gestalten von Yucca und Neuseeländer Flachs* (Phormium) *ganz in den Hintergrund.*

ruhigen Innenhof des Nachts in eine Filmszenerie aus Spotlights und Schatten verwandeln. Skulpturen und Fontänen erstrahlen in der Dunkelheit und Bäume stehen als Silhouetten vor den Mauern, während schaukelnde Laternen und winzige Strahler die Terrasse in eine intime Tafelrunde verwandeln.

Atmosphäre lässt sich auf unterschiedlichste Weise erzeugen, wobei gerade die Skulptur, ein Element, das sich gut in die natürliche Umgebung einfügt, zunehmend an Bedeutung gewinnt. Die Entscheidung für einen Stil ist ganz und gar subjektiv, wobei der eine die erkennbare figürliche Form vorzieht, der andere das Abstrakte oder Gewagte. Skulpturen erfüllen vielerlei Zwecke: Sie können amüsieren, überraschen, sogar schockieren. Ein solches Kunstwerk wird immer Anlass zum Gespräch sein, doch vor allem sollte es wohl ein Lieblingsstück sein, das wir schätzen und bewundern.

Die Wirkung eines nachhaltigen Effekts liegt in der Konzentration und Beschränkung; eine einzelne unübersehbare Attraktion macht das Design nicht nur charaktervoller und interessanter, sondern kann den Gartenraum auch größer wirken lassen. Der optische Eindruck kann unter einer Vielzahl kleiner, gleichmäßig verteilter Objekte genauso leiden wie unter der Massenpflanzung unterschiedlichster Pflanzen.

Auch Containerpflanzen können die Rolle einer Skulptur spielen, besonders, wenn man sich auf ein einzelnes großes Gefäß mit einer entsprechend eindrucksvollen Pflanze als Blickpunkt beschränkt. Die andere Möglichkeit ist die Zusammenstellung einer beetartigen Topfkollektion. Eine informelle und doch einheitliche Wirkung erzielen unterschiedlich große und geformte Gefäße in ähnlicher Farbe oder Material. Alternativ lassen sich stilistisch und im Material verschiedene Töpfe durch die Farbe und Textur des Pflanzschemas harmonisch verbinden.

Die Wahl der Topfpflanzen ist natürlich subjektiv. Immergrüne und Sukkulenten lassen sich nach Form und Textur zu einer schlichten, modernen Wirkung zusammenstellen, die das ganze Jahr gefällt. Dies ist sinnvoll, wenn man einen pflegeleichten Gartenhof wünscht. Wer hingegen ein ständig wechselndes Bild bevorzugt, verwöhnt sich mit einer bunten Mischung aus Früchten, Blüten und betäubenden Düften und unterschiedlichen Farbzusammenstellungen zu jeder neuen Jahreszeit.

oben *Ein ruhiger Marmorbrunnen auf einem vorzüglich detaillierten Mosaiksockel dominiert diesen Gartenhof im islamischen Stil. Die Bepflanzung aus Rosen und farbenprächtigen Kräutern erinnert an das Muster eines Orientteppichs.*

gegenüber *Ein dichter Mantel aus weiß blühenden Kletterpflanzen umhüllt die Mauern des hoch gelegenen Hofes. In ihrem Schutz leuchten Pool und Whirlpool in den Blau- und Türkistönen eines modernen Mosaiks; zwei Ficus-Hochstämme flankieren das Tor.*

Die charakteristische Erscheinung und das Ambiente des eleganten Refugiums fußen auf einer klaren, formalen Linienführung, symmetrischen Strukturen und einer Fülle ausgesuchter Solitäre, eleganter Zierstücke und dekorativer Details. Einen derart formal gestalteten Raum kennzeichnet häufig eine Atmosphäre der Heiterkeit und Ruhe; durch seine begrenzte Fläche sind Gartenhof und Terrasse für diesen formalen Ansatz wie geschaffen. Einen großen formalen Garten mit einer Vielzahl von Statuen und großen Gefäßen anzulegen, verbieten meist die Kosten; hinzu kommt der hohe Arbeitsaufwand, um ihn gepflegt zu erhalten. Gefällt Ihnen die Vorstellung eines formalen Gartens mit geringerem Aufwand, lässt sich dies in einem Gartenhof ideal umsetzen.

Das elegante Refugium

Der elegante formale Gartenhof spielt für den wählerischen Gartenliebhaber eine besondere Rolle. Hier kann er einen aussagekräftigen, reifen Garten in einem problemlos zu bewältigenden Rahmen anlegen. Ein von einem ländlichen Garten abgegrenzter Raum ist ebenso denkbar wie ein Teilstück eines größeren Stadtgartens. Der elegante Hof umfasst Bereiche zum Entspannen und Bewirten und liefert gleichzeitig den Rahmen für besondere Interessen, seien dies ausgesuchte Pflanzen, elegante Gefäße oder Kunstgegenstände.

Die bauliche Gestaltung bildet das Rückgrat des eleganten Gartenhofs; seine Wirkung hängt einzig von der Qualität des Designs und der handwerklichen Ausführung ab. Ohne dieses starke Grundgerüst kann die weiche Gestaltung – die Bepflanzung – nicht wie beabsichtigt wirken. Um das Refugium Ihrer Träume verwirklichen zu können, empfiehlt es sich, einen Gartendesigner zu Rate zu ziehen: Seine Beziehungen zum Handwerk helfen bei der Suche nach den besten Werkstoffen und nach fabelhaften Gehölzsolitären.

Der formale Gartenhof dient nicht nur ausgesuchten Pflanzen als besonderer Rahmen, sondern auch Kunstgegenständen und Skulpturen als perfekte Galerie. Suchen Sie handgemachte künstlerische oder kunsthandwerkliche Gegenstände, so besuchen Sie Gartenskulptur- und Gartenausstellungen. Ist Geld kein Thema, so geben Sie selbst eine symbolische moderne Plastik in Auftrag oder vielleicht eine exquisite handgearbeitete Bank, die Ihrer Privatsphäre die ganz eigene persönliche Note verleiht.

gegenüber *Zwei Terrakotta-Amphoren ergänzen die exzellente, exotische Bepflanzung mit statuenhafter Präsenz.* **unten** *Großzügige Dimensionen und Zurückhaltung bestimmen dieses neue klassische Design; lediglich die architektonische Bepflanzung der Hochbeete setzt Kontrapunkte zu den seidigen hellen Oberflächen.* **vorhergehende Seite** *Die hohen Mauern um diesen eleganten Hof sind mit Girlanden aus Glyzinen und leuchtend rosa Bougainvillea drapiert.*

Bleibende Strukturen

oben *Gesägte Sandsteinplatten reflektieren Ton und Textur der Ziegelmauer; den Gesamteindruck mildert die Zwischenfüllung mit rundem Kies.*
gegenüber *Ein Niveauwechsel gestaltet dieses lang gestreckte Grundstück interessanter. Das Rastermuster aus Pflasterplatten betont seine Form, während der geschwungene Verlauf von Rinne und Böschung die Strenge auflockert.*

Die bleibenden Strukturen eines Gartenhofs umfassen die Hauptkomponenten des Raumdesigns, darunter Wände und Böden, Sichtschutz und Umfriedungen, und außerdem architektonische Elemente wie Wasserbecken, Treppen und Hochbeete.
Auf dieser leeren „Leinwand" werden die anderen Details der Raumgestaltung – Möbel, Fontänen, Container, auch die Bepflanzung – angeordnet. Da nur ein kleinerer Bereich verwandelt wird, ist es möglich, das zur Verfügung stehende Budget großzügiger zu verwenden, indem qualitativ hochwertige Materialien verarbeitet und Spezialeffekte eingebracht werden. Für ein durchdachtes, elegantes, gut ausgeführtes Design sollten Sie die Architektur des Hauses berücksichtigen, den Charakter der umliegenden Landschaft analysieren und das volle Potenzial des Gartenbereichs ausschöpfen, indem Sie den dreidimensionalen Raum effektiv nutzen und Ihre Ressourcen fantasievoll einsetzen.

Textur zählt wohl zu den wichtigsten Charakteristika der Grundarchitektur eines Gartens.

Die bleibenden Strukturen sowie zusätzliche dekorative Elemente wie Pergolen und Sommerhäuschen müssen praktisch sein und den Bedürfnissen des Benutzers entsprechen. Ein großzügiges, nicht zu detailreiches Design wirkt klar und ansprechend und kommt dem kleineren Raum besonders entgegen; widerstehen Sie also der Versuchung, überflüssige, ablenkende Elemente einzubringen.

Die harten Oberflächen, die aus Holz, Ziegel oder Naturstein bestehen können, lassen sich zusätzlich betonen, indem man sie in der Ausführung und Farbwahl geschickt kontrastiert. Bei der Entscheidung für eine Gesamtwirkung ist zu bedenken, dass glänzend polierte Oberflächen ermüdend und auf aggressive Weise formal wirken können, wogegen texturierte Flächen einen subtileren Charakter haben, der das Auge schont und mit der Natürlichkeit von Laub und Zweigen einhergeht.

Die Materialeigenschaften der Werkstoffe wirken besonders gefällig, wenn sie unsere Sinne ansprechen: So empfinden wir eine solide Holztreppe am Ende eines knirschenden Schieferpfades als doppelt sicher, und Randstreifen aus schwarzem Marmor beiderseits eines hellen Plattenweges betonen den Wegverlauf und ziehen uns mit. Diese Balance zwischen nachgiebig und fest, dunkel und hell lässt sich für subtile Effekte sowohl greifbarer als auch optischer Natur nutzen.

oben *Zwei quadratische Einlegemuster aus dunklem Pflaster lenken die Aufmerksamkeit auf den Höhenwechsel im Zentrum der Terrasse und lockern gleichzeitig die elegante Pflasterung aus glattem, gesägtem hellem Granit auf.*

links *Mit Hilfe entsprechender Zugschlagmassen lässt sich Beton in einen stilvollen und vielseitigen Belag verwandeln. In diesem diagonalen Schachbrettmuster sind dunkle strukturierte Kiesoberflächen mit glatten weißen Quadraten kontrastiert. Die grafische Anordnung macht die Sitzecke mit ihrer schützenden berankten Rückwand zum eindeutigen Mittelpunkt.*

Dekorative Elemente

Nicht jedes Grundstück eignet sich für einen echten Höhenwechsel mit Hilfe von Treppen oder Hochbeeten, doch das bedeutet nicht, dass man auf die Wirkung des dreidimensionalen Raums verzichten müsste. Zu teuren Erdarbeiten bieten architektonische Elemente wie Rankgitter, Pergolen, Lauben und Sommerhäuschen eine dekorative Alternative, die für Liebhaber von Kletterpflanzen von besonderem Interesse ist.

Das elegante Refugium ist der ideale Ort für eine raffinierte Ausgestaltung mit passgenau gefertigten Rankgittern, die sich ganz besonders für den Garten mit vorhandenen hohen Mauern empfiehlt. Ein solches ausgeklügeltes Design aus dichtem Holzgitterwerk, das in seinen Abmessungen der Örtlichkeit entspricht, kann einen nichts sagenden rechteckigen Raum zu palastartiger Pracht erheben. Besonders nützlich ist es als Verkleidung vor einer unansehnlichen oder langweiligen Wand. Mit Rankgittern lassen sich außerdem niedrige Umfriedungen einfach erhöhen und ungeliebte Aus- und Einblicke verdecken. Durch zusätzliche Augentäuscherei lässt sich die Illusion größerer Tiefe schaffen; durch Einfügen von Spiegelflächen entsteht der Eindruck eines zweiten Raumes.

Wo ein natürlicheres Bild gewünscht ist, erfährt die Strenge von Mauern und Zäunen durch ein vielschichtiges Laubgewand wirksame Milderung. Pflanzen Sie selbstklimmende Arten wie Wilden Wein *(Parthenocissus tricuspidata)*, der im Sommer sattgrün leuchtet und im Herbst förmlich glüht, oder verwegen kraxelnde Klettertrompete *(Campsis radicans)* mit ihren Kaskaden riesiger orange-

oben Muehlenbeckia *erklimmt Stahlspiralen, deren Glanz im Kontrast zum zinkdunklen Container steht.*

links *Laubengänge spenden im Sommer Schatten; besonders schön sind sie als Rankhilfe für überhängende Kletterpflanzen wie diese duftende Glyzine* Wisteria sinensis *'Amethyst'.*

rechts *Ein raffinierter laubenartiger Überbau krönt das Zentrum dieses geschützten Hofes. Kletterpflanzen und architektonische Sträucher drängen sich entlang der Mauern.*

farbener Blütenglocken. Schlinger und Ranker haften nicht selbst und benötigen zusätzliche Hilfe und Stütze. Am einfachsten und saubersten lässt sich dies bewerkstelligen, indem man die Triebe mit waagerechten Drähten leitet, die im Abstand von 30 cm zwischen speziellen Ösen an Wand oder Pfosten gespannt werden.

Die Pergola ist eine vielseitige Einrichtung, die sich seit vielen Jahrhunderten im Garten findet. Die Römer beschatteten damit Wege, und die Illustrationen mittelalterlicher Handschriften zeigen Weinreben, die mittels Rankgittern an solchen Gerüsten gezogen wurden. Die einfachste Pergola ist eine frei stehende Konstruktion aus hölzernen Pfosten und Querbalken; die Größe reicht dabei vom einfachen Torbogen bis hin zum lang gestreckten Laubengang. Aufgrund dieser Flexibilität in der Gestaltung kann die Pergola in jeden beliebig großen Garten oder Hof eingebunden werden.

Pergolen lassen sich aus Holz, Eisen oder in die Form gegossenem Kunststein (einem Zement-Sand-Gemisch mit einem Zuschlag von Kies oder zermahlenem Stein) konstruieren. Sowohl der Jugendstil als auch die Arts-and-Crafts-Bewegung liefern hervorragende Inspirationen mit großzügigen, schlichten Entwürfen, die gerade dem Werkstoff Holz sehr entgegenkommen. Unter den raumbildenden Bögen des japanischen Gartendesigns lassen sich gleichfalls schöne Holzkonstruktionen finden.

Im Gegensatz dazu verlangt ein Entwurf mit klassizistischer Thematik nach elegant proportionierten Säulen, auf denen die waagerechte Balkenkonstruktion aufliegt; diesem Stil entsprechen Reproduktionen aus Gussstein besonders gut. Ein entsprechend großartiger Pflanzstil ist hierzu unabdingbar, und sofort drängt sich der Gedanke an die Glyzine und ihre lang herabhängenden hellvioletten Blütentrauben auf, den Schlinger, der dieser hoch gesteckten Aufgabe am besten gerecht wird.

Ist optische Leichtigkeit gefordert, so stellt Schmiedeeisen eine ausgezeichnete Wahl dar. Das Material verbindet große Belastbarkeit mit unwahrscheinlicher Vielseitigkeit; damit lassen sich die komplexesten Entwürfe realisieren. Dies könnte besonders dann eine Überlegung wert sein, wenn eine romantische Thematik – etwa duftende Rosen an prunkvollen Gittern – gewünscht ist.

Nur eine dezente Modifikation des Designs ist nötig, und die Pergola wird zu einer attraktiven Laube. Lässt man auf einer Seite die Stützen entfallen und verlängert die Streben bis zur Hauswand, wo sie auf einem fest mit der Wand verschraubten Querbalken aufliegen, so wird die Pergola zum schützenden Rahmen eines Essplatzes im Freien.

Der dekorativste Gartenbau ist sicherlich der Pavillon; diese immer romantische Konstruktion kann aus glatten und gezwirbelten Metallstangen oder aus einem hölzernen Gerüst mit eingelassenen Feldern aus feinem Drahtgeflecht bestehen. In jeglicher Form jedoch beansprucht sie den Mittelpunkt im Gartenraum und verlangt geradezu nach duftenden Rosenwolken.

Nicht vergessen werden sollte, dass Kletterpflanzen mit zunehmendem Alter sehr gewichtig werden und dass vertikale Konstruktionen immer besonders anfällig für Winddruck sind. Die Hauptanforderung an Pergolen, Lauben und Pavillons ist daher die, dass sie äußerst stabil aus robusten Materialien konstruiert sind, wobei die Pfosten unbedingt in Beton zu setzen sind.

Wo der Raum für all diese Elemente nicht verfügbar ist, ergänzt ein Obelisk den Garten um eine Vertikale. Er kann entweder einzeln als Blickfang aufgestellt sein oder in formaler Gruppierung beispielsweise die Ecken eines Parterres schmücken. Ein klassisch proportioniertes Obeliskenpaar flankiert einen formalen Eingang oder betont den Anfangspunkt eines Weges. Der Obelisk lässt sich auch als gewundene Spirale interpretieren, die gut zu einer organisch geschwungenen Terrasse passt und vor allem ein niedriges Beet um einen hohen Blickfang ergänzt. Blumen schieben sich durch das Gerüst dem Licht entgegen und verwandeln es in ein massives Farbschauspiel. Großblütige Kletterpflanzen sind besonders dafür geeignet – unübersehbar wirkt eine überschäumende Passionsblume (*Passiflora caerulea* 'Constance Elliot' ist eine unwiderstehlich elegante weiße Sorte) oder eine der vielen farbintensiven großblumigen Clematis.

In einem quadratischen Versailles-Kasten aus lackiertem Holz wird der klassische Obelisk zum stilgerechten Blickpunkt; berankt man ihn mit Immergrünen, so wirkt er das ganze Jahr. Eine der vielen Efeusorten bietet sich natürlich an, doch interessanter ist Sternjasmin (*Trachelospermum jasminoides*), der sich von anderen Immergrünen durch seine duftenden sternförmigen weißen Blüten im Spätsommer unterscheidet.

gegenüber *Diese von Säulen getragene Pergola bildet den wuchtigen Rahmen für einen herrlichen Seeblick. Von ähnlicher Größe ist der gelb blühende Baum, der seitlich hervorlugt und speziell hier gepflanzt wurde, um die sonst harschen Kanten aufzulockern.*
links *Riesige Stahlreifen sind eine originelle Interpretation des Pflanzentunnels; sie sind diagonal leicht versetzt, wodurch sie weniger schwer wirken und der Blick auf eine Gruppe aneinander gelehnter runder Plastiken gelenkt wird.*

Klassische Pflanzgefäße

oben links *Überquellende Hyazinthen und Traubenhyazinthen folgen den geschwungenen Kurven dieser klassischen Vase.*
oben Mitte *Die zarten Triebe der Maiglöckchen* (Convallaria majalis) *beleben den strengen Stil dieses Bleigefäßes.*
oben rechts *Ein dickleibiges Ölgefäß aus Terrakotta ist prall mit rankenden Pelargonien und Lobelien gefüllt; später werden sich die Blüten der Schmucklilie* (Agapanthus) *hinzugesellen.*

Wenn Sie ein Pflanzgefäß in einen wirklichen Blickfang verwandeln möchten, müssen Sie unbedingt die passende Pflanze dafür finden. Dabei geht es nicht nur um Form und Proportion, sondern auch um die Eigenschaften des Behälters und der Pflanze. Ein Terrakotta-Gefäß aus der Toskana beispielsweise wirkt im Zusammenklang mit einem graulaubigen Olivenbaum *(Olea europaea)* oder einem beschnittenen Buchsbaum gefälliger als mit einem stachelig-exotischen Neuseeländer Flachs *(Phormium)* oder einer südamerikanischen Yucca. Diese Pflanzen verlangen nach einem eher mondänen Stil, etwa einem hohen Behälter mit geraden Seiten aus glänzendem Metall oder schwarz glasiertem Steingut. Ein bauchiger Wasserkrug aus Thailand hingegen scheint wie gemacht für ein zitterndes Wassergras wie das Zyperngras oder schlanken Bambus.

Terrakotta ist eine gute Wahl für einen Pflanzcontainer; durch das poröse Material trocknet die Erde ringsum gleichmäßig aus, wodurch in dem Pflanzsubstrat das notwendige Gleichgewicht zwischen Wasser und Luft erhalten bleibt.

Sind Ihre Winter kalt, so wählen Sie Gefäße, die bei einer Mindesttemperatur von 1000° C gebrannt wurden und dadurch winterfest sind. Handgefertigte Töpfe unterscheiden sich in ihrer Erscheinung ganz wesentlich von Fabrikware; sind die Kosten nebensächlich, so können Sie die besten Terrakotta-Gefäße der Welt aus Impruneta importieren, einer winzigen Region in Italien. Sowohl die Qualität als auch das Design sind unübertroffen; die Töpfe sind gänzlich frostfest und gewinnen mit den Jahren an Schönheit.

Steingut ist eine schöne Alternative, besonders, wenn der Töpfermeister ausgeklügelte Verarbeitungs- und Brennverfahren verwandt hat. Werkstofftechnisch liegt der Hauptunterschied zwischen Steingut und Terrakotta darin, dass Steingut nicht porös ist, weshalb es eigentlich jeder Witterung widersteht; normalerweise ist es winterfest und verändert sich während seiner langen Lebensdauer praktisch überhaupt nicht.

Ein Pflanzensolitär für ein Gefäß benötigt eine Gestalt von ausgeprägter Architektur. Immergrüne Sträucher, die sich in Form schneiden lassen, passen gut ins klassische Design: Große Buchskugeln und -würfel sind besonders schön, und Lorbeer wirkt als großer Hochstamm ausgesprochen eindrucksvoll. Auch die Stechpalme *(Ilex)* lässt sich so ziehen; sie wirkt mit einer dichten, kurvigen Figur wesentlich ansprechender als in der natürlichen ausladenden Strauchform.

Zahlreiche Exoten gedeihen vorzüglich in Kübeln. Neuseeländer Flachs *(Phormium)* ist ein Feuerwerk überhängender Blattschwerter in prachtvollen Bronze- und Burgundertönen, manche sogar mit Streifen; *P.* 'Duet' und 'Sundowner' sowie *P. tenax* 'Purpureum' zählen zu den besten Sorten. Die Palmlilien *Yucca filamentosa* 'Bright Edge' und *Y. glauca* bilden dichte Horste stachelbewehrter Blätter, und in milderen Lagen wäre die Zwergfächerpalme *(Chamaerops humilis)* zu erwägen.

Zwiebel- und Sommerblüher sind ebenso containergeeignet. Bepflanzen Sie einen Bleikübel mit einer einzigen Sorte Frühjahrsblühern, etwa der schwarzen Tulpe *Tulipa* 'Queen of Night' oder weißen Maiglöckchen *(Convallaria majalis)*.

oben links *Aufwändige Terrakotta-Gefäße verbinden sich mit exotischen Agaven zu einem interessanten Zusammenspiel von Textur und Stilarten. In einer Reihe entlang einer Ziegelterrasse aufgestellt, wirken sie als unübersehbares gliederndes Element.*

oben rechts *In verwittertem Zink präsentiert sich die klassische Kübelform in neuem Gewand. Das Gefäß ist mit gestutztem duftendem, silbriggrauem Lavendel gefüllt.*

Skulptur und Ornament

Eine Skulptur oder ein edles Schmuckstück sind von unschätzbarem Wert für den eleganten Garten. Das Potenzial eines gut gewählten Stücks, den Betrachter zu fesseln, zu überraschen oder gar zu schockieren ist nicht zu übertreffen. Die Auswahl umfasst viele Stilarten, und so kann die Entscheidung schwer fallen, besonders da Geschmack eine so subjektive Angelegenheit ist. Reproduktionen antiker Figuren sind immer beliebt, und wenn Ihr Gartendesign die Glanzzeiten vergangener Jahrhunderte nachempfinden soll, sind sie vielleicht die beste Wahl. Möchten Sie hingegen etwas Ungewöhnlicheres, so sollten Sie eine Arbeit eines zeitgenössischen Künstlers ins Auge fassen. Ein solches Kunstobjekt, das aus einer zeitgemäßen Weltsicht oder sogar auf Ihren Auftrag hin entstanden ist, bringt unendliche Freude und Genugtuung.

gegenüber *Alt trifft Neu in diesem Garten, in dem sich Lichtstrahlen und schimmernde weiße Blüten in einem Stahlobelisken spiegeln – eine blendende Neuinterpretation eines Klassikers.*
links *Das steinerne Relikt eines alten Klosters ruht nun in einer Rabatte.*
unten *Diese Terrakotta-Statue bildet den auffallenden Mittelpunkt eines Innenhofes in sanften Farben.*

Die figürliche Darstellung mag für den Garten als die natürlichste Wahl erscheinen, und viele Menschen halten Statuen von Vögeln, Tieren und Menschen für die am besten zum Garten passende Thematik. Diese Sicht ist ganz und gar berechtigt; dennoch ist es ratsam, romantisches Klischee und Kitsch zu meiden und nach einer Interpretation zu suchen, die das Wesen des Tieres oder der Person trifft. Suchen Sie einen Künstler, der ein wirkliches Verständnis für Charakter und Lebensweise mitbringt, der ein Werk voller Kraft, Wärme und Humor hervorzubringen in der Lage ist.

Ein abstraktes Kunstwerk zu wählen ist schon abenteuerlicher, doch mit dem Wissen um die Fähigkeit des Künstlers, Ideen im Material auszudrücken, und mit der Entwicklung Ihrer eigenen Reaktion auf Form und Textur wird Ihr Verständnis wachsen.

Das Material wird vom gewählten Stil diktiert: Holz, Naturstein und Marmor werden für gemeißelte Formen, Bronze, Terrakotta, Kunstharz und Beton für gegossene Formen verwendet. Stein gehört einfach in den Garten; er bietet sich außerdem für Inschriften an. Einzelne in Stein gemeißelte Buchstaben oder Worte sind eine subtile Skulptur, die Schönschrift mit Poesie verbindet. Der beschriftete Stein lässt sich an einer Mauer befestigen, auf den Boden setzen oder sogar in ein Möbelstück wie eine Bank oder eine Tischplatte einlegen. Holz ist das zweite Material, das von Natur aus im Garten vorkommt und sich für plastische Bearbeitung eignet. So spricht etwa schlichtes grünes Eichenholz, dessen Bearbeitung Maserung und Farbe hervortreten lässt, den Tastsinn idealerweise an.

Grün im Mittelpunkt

oben *Blaue Schmucklilien erheben sich über wogende Blättermassen, die die Kanten des erhöhten Plankenweges weich überspielen.*
gegenüber oben *Schneewittchen-Rosen, als Hochstamm gezogene Glyzinen und sahneweiße Veilchen akzentuieren dieses Parterre.*
gegenüber, unten links *Eibe* (Taxus baccata) *lässt sich in fast beliebige Formen schneiden.*
gegenüber, unten rechts *Die Zusammenstellung hoher Bäume, säulenförmiger Immergrüner und stacheliger Agaven spiegelt die Architektur der Hochhäuser im Hintergrund.*

Die baulichen Elemente eines Gartens bestimmen die Grundzüge seiner Struktur und seiner Form; sie sind der ruhige, schlichte Hintergrund für das Pflanzschema. Zusammen sollten beide ein harmonisches Ganzes bilden, mit den Baumaterialien in einer neutralen Nebenrolle neben den lebendigen, spannungsreichen Pflanzen. Da das Design etwa einer Terrasse auf einen kleinen Bereich konzentriert ist, ergibt sich eine ideale Gelegenheit, seltene und ungewöhnliche Pflanzenarten und empfindliche Exoten zu ziehen, die von dem Mikroklima dieses Gartenbereichs profitieren.

Angesichts Tausender zur Wahl stehender Pflanzen ist es sinnvoll, sie jeweils nach ihrem Charakter einzuordnen. Die Persönlichkeit einer Pflanze kommt in ihrem Habitus, ihrer Gestalt und ihrer Blattform zum Ausdruck. Spitze, herausragende Individuen sind die kontaktfreudigen Partylöwen der Pflanzenwelt; sie schieben sich resolut aus dem Boden und schwanken wild in jeder Brise. Yuccas, Neuseeländer Flachs und Aloen sind sehr ausdrucksstark und besonders geeignet als Kontrastfigur.

Kleinblättrige, rundliche Arten hingegen sind die Introvertierten, die darauf warten, dass ihre zurückhaltende Schönheit erkannt werde. Das zwergenhafte Fettblättrige Strauchehrenpreis *Hebe pinguifolia* säumt ein Beet mit einem weichen Polster winziger blaugrüner Blätter, und fiederfeines Zypressenheiligenkraut *(Santolina chamaecyparissus)* lässt sich zu architektonischen Gruppen gestutzter graugrüner Kugeln arrangieren.

Kletterpflanzen, die Sportler der Pflanzenwelt, erklimmen jede Mauer und durchdringen jede Spalte.

Ein Behang aus kraftstrotzenden Kletterpflanzen im Hof ist eine unersetzliche Requisite. Die immergrüne *Clematis armandii* bedeckt eine geschützt stehende Laube im Nu mit ihren Blättern und bringt bereits früh im Jahr Kaskaden reizender weißer Blüten hervor.

Immergrüne sind die grundsoliden Bürger, langsam wachsend, wichtig für einen bleibenden Rahmen und häufig am besten als Gruppe und in Form geschnitten. Eibe *(Taxus baccata)* und Buchsbaum *(Buxus sempervirens)* sind die Höhepunkte bei diesem Zusammenspiel; sie sorgen im Winter für die wichtige Struktur und wirken unter glitzerndem Raureif einfach überwältigend.

Stauden sind im Garten nicht wegzudenken, sie brechen im Frühjahr aus dem Boden mit ihrem Reichtum an Formen und Texturen. Der Honigstrauch *(Melianthus major)* türmt sein tief eingeschnittenes limonengrünes Laub zu riesigen Hügeln auf, zwei Meter breit und einen hoch, während der Federmohn *(Macleaya cordata)* ein Dickicht herzförmiger grauer Blätter mit hoch aufgeschossenen Federbüschen cremefarbener Blüten krönt. Nichts überbietet das ausdrucksvoll geaderte Laub der Funkie *(Hosta)* an Eleganz; es gibt Dutzende Sorten in Grau, Schwefelgelb und Limonengrün, manche schlicht, andere auffällig gesäumt.

Der Wechsel der Jahreszeiten bringt dem Gärtner besondere Freuden. Auf die filigranen Muster winterkahler Zweige folgt das Frühjahr, wenn an Sträuchern und Bäumen zartes Laub hervorbricht, um im Sommer Schatten zu spenden und im Herbst mit Gold- und Bronzetönen den reichen Fruchtschmuck zu ergänzen.

Fallstudie:

Formaler Innenhof

Dieser kultivierte Garten in der Stadt präsentiert sich als ruhiger, intimer Rückzugsort; auf raffinierte Weise optimiert er den begrenzten Außenbereich eines Neubaus. Seine unverwechselbare moderne Wirkung belegt die Fähigkeit des Eigentümers und Designers, klassische Linienführung und Symmetrie mit modernen Materialien und Bauverfahren neu zu interpretieren.

Ein Wintergarten geht auf die tief gelegene Terrasse heraus, die auf der einen Seite von einer grün berankten Mauer begrenzt wird. Von der anderen Seite überblickt man vom Arbeitsbereich des Hauses den Hof; er ist in einem einladenden, einstöckigen gemauerten Atelier unter einem Ziegeldach in warmen Farben untergebracht. Fensterrahmen und Holztür des Gartenbüros sind in zartem Blaugrau gehalten, das schön auf die grauen Pflanzbehältnisse und die generell zurückhaltende Bepflanzung des Gartens abgestimmt ist. Verwitterte Yorkstein-Platten wurden für den Boden wiederverwertet; den Mittelpunkt der Fläche nimmt ein klassisches Mosaik aus Marmorfliesen ein, das auf Bodenniveau einen unübersehbaren Blickfang setzt. Genau vor den Schiebetüren ist es auch vom Hausinneren gut sichtbar. Das sanfte Grau, Blau und Creme nimmt die Farbtöne anderer Materialien und Oberflächen in dem Hofbereich wieder auf.

Hochbeete mit texturierten Immergrünen, darunter Klebsame *(Pittosporum)* und Blauschwingel *(Festuca glauca)*, flankieren die Stufen zur oberen Ebene, die ein stilles Wasserbecken zum Mittelpunkt hat. Den Garten umschließen hohe Ziegelmauern; davor sitzt entlang einer Seite Schwarzrohrbambus *(Phyllostachys nigra)* und über Eck eine kühne Pergola aus verwitterter Eiche. Die Bepflanzung ist durchgehend in architektonischen Blöcken angelegt, welche der Baulinie folgen. Akzente setzen die buschigen Olivenbäumchen *(Olea europaea)*, die mit einer Deckschicht aus Kies in alte Zinkcontainer gesetzt wurden.

oben *Die bauliche Struktur dieses Gartens entspricht höchstem Standard. Hochbeete und Stufen bilden den reibungslosen Niveauwechsel, und die durchgehende Verwendung von Yorkstein-Platten verbindet die gesamte Anlage zu einer Einheit.*

links und oben links *Die formalen Zinkcontainer setzen elegant zurückhaltende Blickpunkte.*

gegenüber *Das eingelegte helle Mosaik bringt eine markante Abwechslung in die Yorkstein-Fläche.*

Der Gartenplan:

Ein Mosaikfliesenteppich

Der Boden eines Gartenhofs kann mit unterschiedlichstem Material belegt werden. In das Yorkstein-Pflaster dieses eleganten Hofes wurde auf der unteren Ebene, direkt dem Haus gegenüber, ein geometrisches blau-graues Fliesenmosaik eingelegt (ähnliche Muster sind bereits fertig – als Bordüren – im Handel erhältlich, sodass das unbequeme Schneiden der Fliesen entfallen kann).

1. Planen Sie Ihren Entwurf auf Papier; kalkulieren Sie pro Mosaikstein eine 5 mm breite Fuge ein; berechnen Sie für jede Farbe die Anzahl der benötigten Steine. Dunkler Fugenmörtel lässt das fertige Design noch klarer hervortreten.

2. Stecken Sie den zu fliesenden Bereich mit einer Schnur ab, die Sie zwischen Pflöcken spannen; achten Sie darauf, dass die Ecken rechtwinklig sind. Ringsherum sollten dabei mindestens 10 cm Spielraum verbleiben.

3. Schachten Sie etwa 20 cm tief für den Unterbau aus Schotter und Sand aus. Verdichten Sie das Erdreich mit einem Vorschlaghammer oder einem kräftigen Holzpfahl.

4. Verteilen Sie eine gut 10 cm starke Lage Schotter und verdichten Sie diesen mit dem Vorschlaghammer.

5. Verteilen Sie auf dem Schotter eine 5 cm starke Lage Bausand und ziehen Sie sie glatt ab. Überprüfen Sie die Höhe.

6. Schlagen Sie einen Pflock ein, an dem Sie die fertige Pflasterhöhe anzeichnen, und nehmen Sie diese Markierung als Ausgangspunkt für alle Berechnungen. Bauen Sie ein Gefälle von 2 cm pro Meter ein, damit das Regenwasser abfließen kann.

7. Schneiden Sie, falls nötig, die Fliesen mit der Flex (kleine Teile mit der Nass-Schneidemaschine) zu; beachten Sie dabei sämtliche Sicherheitshinweise. Legen Sie sie in dem gewünschten Muster probeweise aus.

8. Indem Sie von der Mitte des Bodens nach außen arbeiten, verlegen Sie jeweils eine kleine Fläche von ca. 30 cm Breite und Länge. Geben Sie für eine Fliese einen Mörtelklecks auf den Sand, geben Sie etwas Mörtel auf die Fliesenecken und setzen Sie die Fliese auf das Mörtelkissen. Klopfen Sie sie leicht fest und überprüfen Sie die Ausrichtung in beiden Richtungen mit der Wasserwaage.

9. Fahren Sie so abschnittweise weiter fort. Mit einem langen Metalllineal lässt sich die Verlegehöhe über größere Abschnitte hinweg überprüfen.

10. Sind die Fliesen komplett verlegt und ist der Mörtel ausgehärtet, verfugen Sie die Fliesen. So ergibt sich ein sauberes Bild, und in den Fugen bleibt kein Wasser stehen. Wischen Sie überschüssigen Mörtel ab, solange er weich ist.

***Vitis vinifera* 'Purpurea'**

Pflanzen

1 *Vitis vinifera* (Echter Wein)
2 *Pittosporum tobira* 'Wheeler's Dwarf' (Chin. Klebsame)
3 *Olea europaea* (Olive)
4 *Festuca glauca* 'Blausilber' (Blauschwingel)
5 *Phyllostachys nigra* (Schwarzrohrbambus)

links *In dem Hochbeet wächst Chinesischer Klebsame* Pittosporum tobira 'Wheeler's Dwarf'*, eine kleinblättrige Selektion, als Blattschmuckpflanze. Die kompakte Strauchform passt ausgezeichnet zu der hohen, schmalen Pflanzsituation.*

links *Der Fliesenteppich aus Marmor lockert die helle Pflasterfläche auf und ergänzt die Architektur des Hofes um ein attraktives Detail.*

oben *Der Blauschwingel* Festuca glauca *'Blausilber' macht seinem Namen alle Ehre; er passt perfekt in das zurückhaltende Farbschema des Hofes.*

DER AUFBAU IM QUERSCHNITT

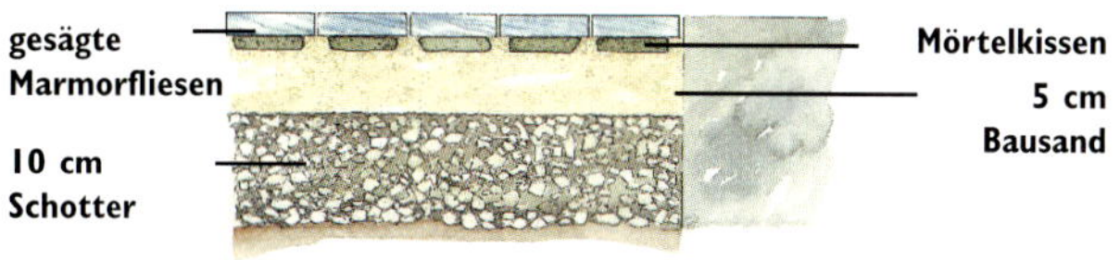

Wie nett sitzt man doch an einem lauen Abend im Kerzenschein mit Freunden um den Esstisch, nicht weit eine gepolsterte Schaukelbank, auf der man es sich später unter den Sternen gemütlich machen wird, während im Hintergrund sanfte Musik spielt. Draußen zu speisen, umgeben vom Wohlgeruch der Nachtblüher, ist eine herrlich einfache und doch so erquickende Art, den Garten zu genießen. Auch das theatralische Potenzial Ihrer Gartenbühne erwacht nach Sonnenuntergang, wenn die passende Beleuchtung Familie und Gäste in eine romantische, geheimnisvolle Atmosphäre taucht.

Der gastfreundliche Sitzplatz

Gartenhof und Terrasse sind perfekt für Gartenfeste geeignet: Für einen sommerlichen Imbiss wie für die große Party schaffen schützende Mauern und vielleicht noch eine schattige Pergola die rechte Abgeschiedenheit. Mit Kerzen und Blumen, Stoffen und Kissen wird der Gartensitzplatz zur abendlichen Inszenierung. Bäume verwandeln sich in Schemen, weiße Blumen leuchten geheimnisvoll, Wasserflächen werden unergründlich, und jedes Geräusch klingt mit neuen Obertönen.

Vielleicht möchten Sie eine Party oder eine Feier unter ein Motto stellen, sei es formal, exotisch oder romantisch? Eine tiefer gelegene Sitzecke unter einem Zeltdach, von Kerzen beleuchtet und von Räucherwerk durchweht, weckt in Ihren Dinnergästen wunderbare Assoziationen. Lassen Sie sie auf riesigen Kissen unter Kübeln mit betörendem Jasmin Platz nehmen, und stimmen Sie mit duftendem Reis und scharf gewürztem Gemüse das Essen auf das Thema des Abends ab.

Ist der Garten des Nachts nichts als sanftes Schimmern und Schattenwurf, so folgt am Tag die Scharfeinstellung mit hellem Licht und klarer Form. Nun rücken leuchtende Kletterpflanzen an den Wänden und mit Blüten überquellende Gefäße Farbe und Textur in den Blickpunkt. Die Ruhe des gepflegten späten Frühstücks wird von Vogelgesang und plätscherndem Wasser passend untermalt. Zeltbahnen und Baldachine schützen die Mittagsgäste vor der heißen Sonne, während sie den Duft von Rosen und Geißblatt genießen.

gegenüber *Türrahmen und Wendeltreppe aus Metall ergänzt ein schlichter Zinkcontainer mit einem Olivenbaum.* **unten** *Die klaren Linien dieser modernen Dachterrasse verlangen nach Understatement: Sonnensegel spenden Sichtschutz und Schatten, während eine geschwungene Bank, eine seichte Wasserrinne und minimale Bepflanzung der Sitzgruppe ihren Rahmen geben.* **vorhergehende Seite** *Die Holzstühle und der großzügige Tisch sind perfekt für ein ungezwungenes Beisammensein.*

Gartenmöbel

Zentrales Thema des gastfreundlichen Gartensitzplatzes ist seine Möblierung. Ein großzügig bemessener Esstisch ist unerlässlich für geselliges Beisammensein, und die dazugehörigen Stühle sollten gleichzeitig bequem genug für ausgedehnte Mahlzeiten und leicht genug für schnelles Verrücken während einer Party sein. Der eine oder andere gemütliche Liegestuhl ist bei ausreichendem Raum immer willkommen und dazu ein oder zwei Bänke für stille Ecken.

Die Entscheidung für einen bestimmten Möbelstil ist subjektiv; sie hängt von Geschmack und Lebensgewohnheiten ab, doch die Materialfrage, sei es Holz, Metall oder Kunststoff, muss pragmatisch angegangen werden.

Durch Sonne, Regen und Temperaturschwankungen ist Gartenmobiliar großen Belastungen ausgesetzt; um dem unvermeidlichen Ausdehnen, Zusammenziehen und Korrodieren standzuhalten, müssen sie daher strenge Anforderungen erfüllen. Sämtliche Gartenmöbel profitieren von Winterschutz: Stellen Sie sie idealerweise in einer Garage, im Keller, einem Schuppen oder aber im Wintergarten unter; zumindest sollten Sie sie mit wasserdichten Bezügen abdecken.

Für den Außenraum gibt es nichts Besseres als Hartholz; es ist haltbar und widerstandsfähig, fügt sich gut zwischen die Pflanzen ein und verwittert mit einer sanften silbrigen Patina. Ein Qualitätsprodukt kann ein Menschenleben lang halten, was den höheren Preis wirklich rechtfertigt. Neuerdings bewegt sich der Trend fort von der eher wuchtigen traditionellen Bauart, für die Holz bekannt ist, hin zu willkommenen leichteren, reduzierten Formen. Viele davon sind zusammenklappbar, was sie für Sitzplätze ideal macht.

An erster Stelle der Beliebtheitsskala stand bisher Teakholz, das sich durch dichte Poren und große Haltbarkeit auszeichnet. Aufgrund teilweise zweifelhafter forstwirtschaftlicher Praktiken während der vergangenen Jahrzehnte ist dieses Holz seltener geworden, was Alternativen wie Iroko und das Luxus-Laubholz Eiche auf den Markt bringt. Auf Ihre Bitte kann Ihnen der Händler den Beleg zeigen, dass die Möbel aus Plantagenholz gefertigt sind. Eine Alternative dazu bieten umweltfreundliche aus Altholz gefertigte Möbel. Jedes Hartholz sollte zu Beginn und Ende des Sommers gründlich mit Teaköl eingerieben werden, um seine Lebensdauer zu erhöhen.

Weichholz stammt von rasch heranwachsenden Nadelbäumen, ist relativ preisgünstig und steht darüber hinaus reichlich zur Verfügung. Es ist zwar weniger haltbar als Hartholz, doch mit einem Farbanstrich oder, noch besser, einer pflegeleichten Lasur behalten auch Weichholzmöbel ihr gepflegtes Aussehen. Beziehen Sie sie in Ihr Dekor mit ein, indem Sie sie auf Pflanzkästen und Wandschirme abstimmen, und setzen Sie mit Kissen und Sonnenschirmen farbenfrohe Akzente.

gegenüber *Tisch und Stühle sind unerlässliche Bestandteile des gastfreundlichen Gartenbereichs, doch diese schönen handgemachten Stücke dienen gleichzeitig als skulpturaler Mittelpunkt der Schieferterrasse.*

links *Wird ein Stuhl von der Katze auserkoren, so ist er ganz gewiss bequem.*

unten *Riesige Sitzkissen sind eine bequeme und herrlich entspannte Alternative zu Stühlen. Flexible Lattenwände sorgen für Sichtschutz, lassen dabei aber Licht und den schweren Duft der Gardenien passieren.*

Eisen und Stahl verrosten an der frischen Luft; lediglich industriell verzinkte Produkte können daher ohne Pflegemaßnahmen draußen bestehen. Zu den vielseitigsten zählen leichte, romantische Sitzgruppen für die Terrasse mit Sitz- und Tischflächen aus feinem Gitterwerk. Eine dekorative Bank aus Schmiedeeisen ist ein elegantes Ruheplätzchen; für Esstischstühle jedoch ist das Material aufgrund seines Gewichts und seiner Unbeweglichkeit zu unbequem. Hier ist Drahtgeflecht eine wesentlich bessere Option, denn es ist bequem, leicht und flexibel. Eine Lackierung in einem leuchtenden China-Farbton bringt die schönen Reproduktionen dieser Klassiker des 19. Jahrhunderts modisch auf den neuesten Stand.

Synthetische Materialien wurden während der vergangenen zehn Jahre unglaublich weiterentwickelt und haben zu einigen der spannendsten neuen Möbelentwürfe geführt. Sitzschalen aus Textil oder Plastik sind in Verbindung mit Aluminiumrahmen sowohl leicht als auch stapelbar und erfordern nur wenig oder gar keine Pflege. Sie sind nicht nur ideal für kleine Gärten mit wenig Stauraum, sondern eignen sich häufig auch für den Einsatz im Haus.

Bei Tag ist der Sonnenschirm ein notwendiger Schattenspender, bei Nacht spannt er über den Sitzplatz ein schützendes Dach. Achten Sie darauf, dass er großzügig bemessen und kippbar ist. Farben wie helles Beige, Elfenbein und Sand spenden Schatten und vermitteln eine heitere Atmosphäre; damit sie lange gut aussehen, sollten sie unbedingt imprägniert sein. Dies ist besonders in der Stadt wichtig, wo der Regen viele Schmutzpartikel enthält. Ein Sonnenschirm kann erstaunlich schwer sein, weshalb sich eine Kurbel zum Aufspannen empfiehlt; es gibt sogar Elektromotoren, die jedoch reichlich klobig wirken. Auch Beleuchtung lässt sich am Sonnenschirm entweder in Form eines Strahlers oder, hübscher, in Gestalt winziger Lämpchen in durchsichtigen Plastikschläuchen anbringen, die an den Speichen befestigt werden.

Ein von Wand zu Wand gespanntes Sonnensegel ist ein billiger, effektiver Schattenspender, der mit einem Minimum an Aufwand eine romantische Atmosphäre entstehen lässt. Wählen Sie je nach der gewünschten Wirkung hauchdünne Gaze, robuste Leinwand oder Streifenstoff und als Befestigung stabile Schraubösen zwischen zwei über Eck oder einander gegenüber stehenden Mauern. Ein niedriger Tisch und Bänke voller Sitzkissen richten unter dem Sonnensegel einen unaufdringlichen Essplatz ein. Als Alternative zu Stoff bringen Kissen und Sitzpolster aus Seegras ein erfrischend neues Wohngefühl in den Gartenraum. Auch eine farbenfroh gestreifte Hängematte lockt an heißen, verträumten Nachmittagen mit herrlicher Entspannung.

rechts *Leichte Liegestühle aus Aluminium und Nylon sind perfekt zum Entspannen und im Nu zusammengeklappt.*
gegenüber oben *Naturbelassenes Hartholz kann das ganze Jahr im Freien bleiben. Für sommerliche Mahlzeiten ist ein Sonnenschirm unerlässlich.*
gegenüber, unten links *Wo wenig Platz ist, sind stapelbare Stühle sinnvoll. Dieses Exemplar aus Plastik und Aluminium passt perfekt zum Metalltisch.*
gegenüber, unten rechts *Die Tischplatte aus Glas sowie die nylonbespannten Stühle lassen die winzige tropische Terrasse beinahe abgehoben wirken.*

Beleuchtung

oben *Kaum ist die Sonne untergegangen, sorgen Ölfackeln auf Partys für dramatische Effekte und theatralischen Glanz.*

Mit Licht lassen sich magische Effekte zaubern, und ein fantasievolles Beleuchtungsschema kann einen Gartenhof in einen Theaterraum mit kontrastierenden Formen und Stimmungen verwandeln. Es verlängert die Nutzbarkeit des Gartenbereichs vom Tag in die Nacht hinein und lässt uns vom Hausinneren aus eine romantische Nachtlandschaft bewundern.

Vor allem subtile Kombinationen machen die Beleuchtung erfolgreich. Sie sollte niemals aufdringlich oder grell sein, sondern interessante Blickpunkte ins Licht rücken und gleichzeitig die Hintergrundszenerie sanft durchdringen. Eine raffiniert arrangierte Beleuchtung kann die Wahrnehmung von Raum und Dimension vollkommen verändern.

Niedervoltsysteme lassen sich aus zahlreichen Bauteilen zusammenstellen. Die äußerst vielseitigen Bodenstrahler gibt es in unterschiedlichsten Ausführungen; je nach der gewünschten Wirkung können sie mehr oder weniger dicht platziert werden. Die einfachste Version ist ein breit streuender Strahler, der die Silhouette eines Baumes betont oder faszinierende Schatten wirft, während gerichtete Spots eine Skulptur oder einen Pavillon aus dem Dunkel heben. Eine Reihe sanfter Strahler entlang einer Strauchrabatte dagegen lässt nur ihre Konturen sichtbar werden.

Mit Spots können auch unter Wasser besondere Effekte erzielt werden; sie lassen ein Schwimmbecken durchsichtig schimmern und eine Fontäne oder einen Wasserfall erstrahlen. Durch einen Obelisken aus Gitterwerk werfen sie dynamische Schatten, und Glasskulpturen scheinen zu schweben. Einzelspots sind praktisch; lässt man eine ganze Reihe in das Pflaster um einen Pool ein oder

unten links *Das Licht im Inneren dieses eleganten Heims bewirkt eine ganz besondere Atmosphäre; Jalousien und skulpturale Gartenpflanzen ergänzen sie mit Schatten und funkelnden Reflexen rund um den tiefschwarzen Pool.*
rechts *Lichtspots im Haus und unter Wasser stellen nachts die optische Verbindung zwischen Haus und Pool her; sie erschaffen eine hoch aufragende Bildergalerie aus spitzen architektonischen Pflanzen und Kunstgegenständen.*

säumt damit einen Weg oder Stufen, so ist die Wirkung geradezu hinreißend. Minispots in Holz- oder Metallpfosten sind leicht installiert und praktisch für den Eingangsbereich und entlang von Pfaden.

Einen gegenteiligen Effekt erzielt man mit Leuchten, die Mauern und Wände von oben in Licht baden und so die Textur plastisch hervorheben. In Verbindung mit Innenbeleuchtung und großen Panoramascheiben rücken sie das Haus selbst ins Zentrum der Aufmerksamkeit, als akzentuierte Hintergrundbeleuchtung für die Terrasse. Die natürliche Variante besteht aus Kerzenlicht: Es gibt nichts, das beruhigender, schmeichelhafter oder auch nur einfacher zu platzieren wäre. Flackernde bunte Teelichter als Tischschmuck schaffen eine romantische Atmosphäre; großformatige Sturmlaternen aus Glas sind auf ansprechende Art aussagekräftig. Dutzende Teelichter entlang der Mauern und Stufen, die in Gläsern vor dem Wind geschützt sind, bilden einen stimmungsvollen Hintergrund. Am anderen Ende der Größenskala stehen riesige, 1,50 m hohe Kerzen und Ölleuchten aus Metall auf hohen Stangen, die als Partydekoration für beinahe mittelalterliche Pracht sorgen und schnell als Akzent für Eingang oder Wegrand in den Boden gesteckt sind.

Lichterketten, eine hervorragende „Bühnenbeleuchtung", erleben derzeit eine fröhliche Renaissance. Es gibt sie jetzt in Form von zarten Vorhängen, die am Gestell eines Baldachins oder einer Stellwand zu einem durchsichtigen Bild werden; im Winter wirken sie wie Eiszapfen an einer Veranda.

Ein praktischer Hinweis ist hier unerlässlich: Kabel im Garten zu verlegen ist für den Laien zu gefährlich; überlassen Sie diese Aufgabe also dem Fachmann. Ein Beleuchtungsfachmann kann die besten optischen Effekte erzeugen und sollte zu einem frühen Zeitpunkt zur Planung des Gartens hinzugezogen werden, damit die nötigen Kabel schon während der Bauphase verlegt werden können. Ohne Kabel kommen Solarleuchten aus, die inzwischen in verschiedenen Formen erhältlich sind.

oben links *Hübsche gläserne Teelichtständer sind für draußen ideal, da sie die Flamme vor dem Wind schützen.*
links *Nachts verwandeln helle Spots den glatten Schieferbrunnen in einen blubbernden Hexenkessel aus Feuer und Licht.*
rechts *Subtile, überraschende Effekte bewirkt Beleuchtung von unten. Bei diesem kreativen Umbau inmitten der Stadt überragen angestrahlte Palmen eine surreale illuminierte Glasbrücke und werfen immense Schatten an die gegenüberliegende Wand.*

Klang

oben links *Ein Windspiel aus Bambus bringt eine angenehm authentische Note in einen Garten im japanischen Stil.*
oben Mitte *Plätschernde Geräusche macht ein feiner Wasserstrahl, der mehrere Auffangschalen aus Keramik durchläuft, Teil eines formvollendeten, an der Wand montierten Ensembles.*
oben rechts *Aus einer schmalen, hüfthohen Rinne plätschert es laut in eine schrullige Sammlung von Kupferbehältern.*

Die Wirkung von Licht im Garten ist offensichtlich; Geräusche hingegen tragen unsichtbar und auf subtilere Weise zu dem Ambiente bei. In einer stillen Umgebung werden leise Geräusche hörbar. Die sanfteste Brise versetzt die Blätter mancher Pflanzen in Bewegung, lässt Gräser rascheln und Pappellaub klappern, während Vogelgesang in der Morgendämmerung ein wirklich erhebender Klang ist, den vor allem Städter ganz besonders zu schätzen wissen.

Die Geräusche der Natur sind in der Stadt immer ein ganz besonderer Bonus; sie lassen sich durch geschickte Pflanzenwahl in den Garten holen. So versammeln sich summende Insekten um Sommerblumen, wobei Lavendel *(Lavandula)* und Thymian *(Thymus)* bei den Bienen und Hummeln äußerst gefragt sind. Was den Wind betrifft, sind Eukalyptus und Bambus sehr kooperativ mit einem audiovisuellen Kaleidoskop aus raschelndem Laub.

Auch mit den immer populären Windspielen kommt Klang in den Garten; sie fangen den Wind mit unterschiedlichsten Geräuschen ein, von klimpernden Glöckchen bis hin zu fernöstlichen Halbtönen. Ein Windspiel aus Metall glitzert zudem in der Sonne, ob es im Baum aufgehängt ist oder an der Pergola.

Wasserspiele füllen den Gartenbereich mit einer Vielfalt interessanter Geräusche und werden dazu von der Tierwelt geschätzt. Wasser reflektiert Schatten und Umrisse: vom plätschernden Wasserfall bis zum stillen, seichten Teich, in dem Vögel planschen und baden, ist alles möglich.

Es gibt unendlich viele Versionen von Wasserspielen; ist eine romantische Wirkung beabsichtigt, so wirkt ein Becken mit einer aufspringenden Fontäne als schöner Blickfang, erst recht, wenn eine weiße Seerose wie *Nymphaea* 'Odorata Alba' in nächtlicher Beleuchtung schimmert. (Etwas Vorsicht ist geboten: Seerosen mögen kein Spritzwasser.) Ist dagegen ausschließlich Dramatik gewünscht, so lassen Sie eine Wasserwand an einer Steilwand herabrauschen; dafür sind reflektierende Materialien wie polierter Granit, glänzender Stahl oder hinterleuchtetes Glas sowohl frei stehend als auch vor einer Mauer wirkungsvoll.

Bei der Wahl der Geräuschkulisse für Ihren Garten sollten Sie immer die Nähe der Nachbarn mit bedenken, die wahrscheinlich den Frieden nicht durch Ihre Geräusche gestört haben wollen. Geräusche werden in einem abgeschlossenen Bereich durch kahle Wände reflektiert; der Klang einer lebhaften Kaskade oder eines Baches, der über Steine rauscht, kann lästig werden, während ständiges Tröpfeln bald irritiert. Die Fördergeschwindigkeit und damit der Klang lassen sich über eine Pumpe regeln; hier heißt es experimentieren, bis die gewünschte Wirkung gefunden ist.

Wirklich nur für den gelegentlichen, diskreten Gebrauch ist eine Musikanlage mit winzigen, in den Boden oder ins Pflaster eingelassenen Lautsprechern, die die Mahlzeit, aber auch die Dekoration mit leiser Musik untermalen. Probieren Sie einmal Aufnahmen von Naturgeräuschen aus – Vögel an einer tropischen Wasserstelle, Morgendämmerung im australischen Regenwald oder Meeresrauschen.

oben links *Mondäner könnte eine Cocktailbar nicht sein: Ein steter Wasserstrom kühlt Champagnerflaschen, bevor er sich in einem breiten Vorhang in den von Iris gesäumten Kanal ergießt.*

oben rechts *Ein lebhafter Wasserfall rauscht tosend und lockend in ein tiefes Sprungbecken in blassem Aquamarin.*

Pflanzen voller Duft und Farben

An warmen Abenden verströmen Blumen einen besonders intensiven Duft und füllen den Gartenhof mit Romantik. Moschusduftende Tabakpflanzen *(Nicotiana)*, Gartenlevkojen *(Matthiola incana)* und ihre nachtduftende Verwandte *M. longipetala* subsp. *bicornis* eignen sich hervorragend für duftende Sommerbeete, während uns immergrüner Chinesischer Klebsame *(Pittosporum tobira)* und mexikanische Orangenblume *(Choisya ternata)* Jahr für Jahr mit süßem Zitrusduft erfreuen. Die so hinreißende wie giftige Engelstrompete *(Brugmansia)* entlässt ihren Duft nicht vor der Dämmerung und lockt so Nachtschwärmer zu ihren riesigen, schweren Glocken; die gleichfalls frostempfindlichen Gardenien und Kranzschlingen *(Stephanotis)* bereichern den Tisch mit unvergesslichem Bouquet.

Die Pracht der Lilien *(Lilium)* steht ihrem Wohlgeruch in nichts nach; eine absolute Diva ist die Schmucklilie *(Agapanthus)* mit ihren elegant auf hohen Stielen getragenen Sternenblüten. Die fröhlichen Zistrosen *(Cistus × aguilarii* und *C. ladanifer)* und üppigen Baumpäonien, wie *Paeonia suffruticosa* 'Rock's Variety' mit roter Blütenmitte, leuchten hell, und die Silberwinde *(Convolvulus cneorum)* ergänzt weiße Blüten mit weichem, silbernem Laub. Sind Größe und Textur gefragt, so sind silbriges Strandmannstreu *(Eryngium maritimum)* und tief gelappte Kardonen *(Cynara cardunculus)* kaum zu übertreffen. Prächtige Dahlien bringen pure spätsommerliche Effekte. Ihre Blütenformen und Sorten sind zu zahlreich, um sie hier aufzuzählen; seien Sie mutig und experimentieren Sie mit Kombinationen von Neonpink und Orange, Blutrot und Sonnengelb.

Töpfe voller lebhafter Sommerblumen finde sich auf der Terrasse. Die Kombinationsmöglichkeiten sind endlos – Petunien in Blau und Rosa, Fleißige Lieschen *(Impatiens)* in Scharlachrot und Orange, Tagetes und Kapuzinerkresse *(Tropaeolum majus)* in Orange oder die edleren Geranien *(Pelargonium)* in kräftigem Pink und Tiefrot.

Kletterpflanzen erschließen eine weitere Dimension und umhüllen Laube und Pergola mit ihrem Duft. Duftjasmin *(Jasminum polyanthum)* und immergrüner Sternjasmin *(Trachelospermum jasminoides)* tragen den Duft des Orients; Rosen wie 'Albéric Barbier' und 'Madame Alfred Carrière' erinnern an vergangene Zeiten. Sie alle blühen weiß oder sind als weiße Selektion erhältlich und schimmern nachts im Lichterschein. Bei Tageslicht entfalten farbige Kletterpflanzen eine große Wirkung. Eine geschützte Ecke kommt nicht ohne eine Passionsblume wie die violette *Passiflora* 'Amethyst' aus; die blaue *P. caerulea* bringt an einer warmen Wand auffällige orange Früchte hervor. Etliche schöne Clematis sind leicht eingefügt, denn neben Rankwänden bieten sich für sie frei stehende Rankhilfen als besonderer Blickfang an. Unschlagbar für heiße Regionen sind die violett, orange und rot blühenden Sorten der Bougainvillea, ein schöner Kontrast zu Bleiwurz in sanftem Himmelblau.

gegenüber *Brillante Farbtöne muntern sofort auf. Kräutertöpfe, farbenfrohe Bougainvillea auf den Stufen und duftender Jasmin, der aus Balkonkästen quillt, machen diese Sitzecke unwiderstehlich.*

links *Ein kupferspangrüner Kessel voller duftender Nelken* (Dianthus) *ist ein hübscher Schmuck.*

unten *Eine leuchtende niedrige Mauer setzt zwei Gartenteile voneinander ab und dient gleichzeitig als praktische Sitzgelegenheit. Stiefmütterchen in bunten Töpfen stellen die Verbindung zur Rabatte im Hintergrund her.*

Fallstudie:

Marokkanische Nächte

Eine farbenfrohe marokkanische Thematik lässt diesen sinnenfrohen Innenhof vibrieren; er ist mit Kletterpflanzen, architektonischen Palmen und leuchtenden, duftenden Blüten reich bepflanzt. Zinnen und maurische Durchgänge in Form von Schlüssellöchern ordnen die hohen, schützenden Mauern stilistisch zu. Der Verputz ist passend zum hellen Terrakotta-Boden in dezentem Rosa gehalten; ausgleichend dienen mit blau-goldenem Mosaik verflieste Sichtflächen und Einlegemuster im Boden.

Ein intimer Alkoven voller Pflanzen, der sich hinter hohen verfliesten Säulen verbirgt, bietet mit einer bequemen Bank eine gemütliche Sitzecke, während eine stille Nische mit Metalltisch und Stühlen für entspanntes Dinieren und Bewirten die Gartenanlage überblickt. Opulentes Porzellan in Blau und Gold ziert den Tisch. Farbige Teppiche und Samtkissen verführen dazu, auf der Bank ein paar ungestörte Mußestunden zu verbringen oder hier ein Candlelight-Dinner mit Freunden unter Sternen zu beschließen. Eine marmorne Wasserschale auf einem Fliesensockel plätschert leise; sie ruht in einer flachen Schale, die mit glasierten Fliesen verkleidet ist.

Niveauwechsel bringen Höhe ins Spiel: Stufen mit Akzenten aus blauen und gelben Fliesen führen auf eine tiefer gelegene Terrasse. Die Hauptattraktion dieses abgesenkten Bereichs ist ein lang gestrecktes formales Becken. Es wird von einem hohen schmiedeeisernen Minarett überragt, das dem Minarett der Moschee Hasans II., König von Marokko, nachempfunden ist. Darunter steht eine elegante Amphore mit einer exotischen *Agave americana* 'Variegata' auf einem überfluteten Sockel. Mit seiner stillen Wasserfläche ist das Becken ideal für die elegante weiße Seerose *Nymphaea* 'Gladstoneana'. Über das Wasser führen zwei quadratische Trittsteine, die dem Betrachter das stille Nass noch näher bringen.

oben *Mit seinen zinnenbewehrten Mauern wirkt dieser Gartenhof wie eine authentische, uralte marokkanische Zitadelle.*

oben links *Ein derart herausragendes Gedeck verlangt nach einem ebenso exotischen Festmahl. Der Innenhof ist ideal für Themenpartys.*

links *Die hohen Mauern sind mit arabisch anmutenden Toren interessant gestaltet; ihre neutrale Farbe bringt die farbenfrohe Bepflanzung zum Leuchten.*

gegenüber *Tisch und Stühle im oberen Terrassenbereich sind der perfekte Ort für ein abendliches Mahl.*

Der Gartenplan:

Eine selbst gebaute Treppe

Unterschiedliche Niveaus gestalten einen kleinen Garten interessant; eine niedrige Treppe lässt sich relativ einfach ohne die Hilfe eines Fachmannes bauen. Planen Sie sorgfältig und wählen Sie Materialien, die sich natürlich in ihre Umgebung einfügen.

1. Fertigen Sie einen Plan des Bereichs an; messen Sie die Gesamthöhe sowie die verfügbare Breite der Treppe, die mindestens 1,50 m betragen sollte. Flache Stufen sind im Garten am besten; sie sollten daher 10–15 cm hoch und 30–45 cm tief sein. Zeichnen Sie auf Karopapier einen Querschnitt, um die Zahl der benötigten Stufen zu ermitteln; passen Sie dabei Stufentiefe und -höhe den Umständen an.

2. Schachten Sie aus und gießen Sie ein Betonfundament für die gesamte Fläche; es soll etwas über die unterste Stufe hinausreichen. Ist der Beton ausgehärtet, setzen Sie für die unterste Setzstufe eine Reihe Ziegel in Mörtel.

oben *Die fliesenbesetzten Stufen führen auf eine farbenfrohe Terrasse mit Tisch und Stühlen.*

3. Füllen Sie dahinter mit Schotter auf und verdichten Sie diesen gründlich mit Hilfe eines Holzpfostens.

4. Bringen Sie auf Ziegel und Schotter ein Mörtelbett entsprechend der Größe der Trittstufe auf. Legen Sie die Steinplatte so auf, dass sie vorn etwa 2,5 cm übersteht. Kontrollieren Sie mit einer Wasserwaage, ob für den Wasserablauf ein leichtes Gefälle nach vorn vorhanden ist.

5. Tragen Sie hinten auf die Trittstufe ein Mörtelbett auf und setzen Sie darauf eine Reihe Ziegel für die zweite Setzstufe.

6. Hinterfüllen Sie wiederum mit Schotter, verdichten Sie und verlegen Sie die nächste Trittstufe.

7. Setzen Sie so alle Stufen; überprüfen Sie jedes Mal das Gefälle, damit kein Wasser stehen bleibt. Die oberste Stufe sollte dem oberen Bodenniveau entsprechen.

8. Wenn Sie möchten, verkleiden Sie die Setzstufen mit blau und gelb glasierten Keramikfliesen.

***Agave americana* 'Variegata'**

Pflanzen

- **1** *Chamaerops humilis* (Zwergfächerpalme)
- **2** *Phormium tenax* Purpureum-Gruppe (Neuseeländer Flachs)
- **3** *Achillea filipendulina* 'Cloth of Gold' (Schafgarbe)
- **4** *Rosa* 'Irish Eyes'
- **5** *Griselinia littoralis*
- **6** *Helenium* 'Wyndley' (Sonnenbraut)
- **7** *Canna* 'Roitelet'
- **8** *Rosmarinus officinalis* (Rosmarin)
- **9** *Convolvulus cneorum* (Silberwinde)
- **10** *Phygelius* 'African Queen' (Kapfuchsie)
- **11** *Nymphaea* 'Gladstoneana' (Seerose)
- **12** *Sisyrinchium californicum* (Binsenlilie)
- **13** *Agave americana*
- **14** *Heuchera micrantha* var. *diversifolia* 'Palace Purple' (Purpurglöckchen)
- **15** *Tagetes* Gem-Serie
- **16** *Artemisia* 'Boughton Silver' (Edelraute)
- **17** *Hakonechloa macra* 'Aureola' (Hakone-Gras)
- **18** *Agave americana* 'Variegata'
- **19** *Fatsia japonica* (Zimmeraralie)
- **20** *Rosa* 'Snowball'
- **21** *Arundo donax* (Pfahlrohr)
- **22** *Onopordum acanthium* (Eselsdistel)
- **23** *Cercis canadensis* 'Forest Pansy'
- **24** *Cytisus battandieri* (Marokkanischer Ginster)

oben *Diese schmiedeeiserne Skulptur, die das Minarett der Moschee Hasans II. von Marokko nachempfindet, schenkt dem Garten Höhe und der Wasserfläche ein elegantes Spiegelbild.*

links *Die prächtigen Farben und Texturen der Bepflanzung, darunter gelbe Schafgarbe, orange* Canna *und goldene Sonnenbraut, sind perfekt für das exotische Thema des Gartenhofs – unübersehbar vor der Wand die aufrechten Schäfte der Fackellilie* Kniphofia *'Royal Standard'.*

DIE STUFEN IM QUERSCHNITT

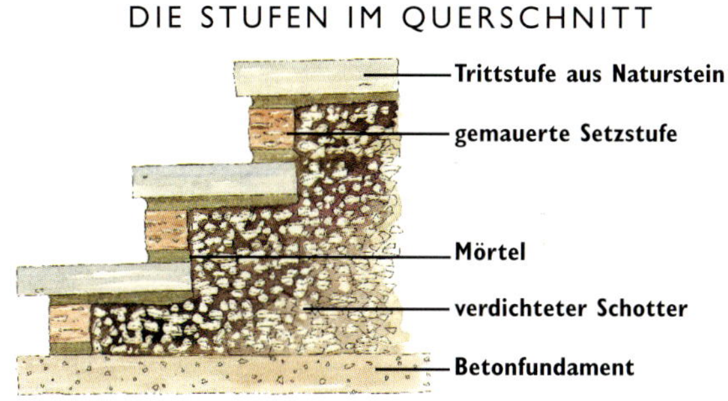

So mancher hat das Glück, auf dem Land zu leben, wo sich ein schöner ländlicher Gartenhof leicht anlegen lässt. Andere träumen zwar davon, erkennen jedoch die Vorteile des Stadtlebens, das mit kurzen Wegen zur Arbeit, mit Einkaufsmöglichkeiten, Unterhaltung und Kultur lockt. Es gibt keinen Grund, den Traum vom Landleben gänzlich aufzugeben – auch der Stadtgarten kann eine kleine ländliche Idylle in die Stadt transportieren. In einem solchen Garten im ländlichen Stil ergänzen sich schmackhafte Früchte mit dekorativen Pflanzen. Kaum etwas ist befriedigender, als ein Mahl aus selbst gezogenem Gemüse, Kräutern und Früchten vorzubereiten.

Ländliches Paradies

Eine blütenreiche, ländliche Atmosphäre verlangt bei der Anlage selbst wie auch bei der Pflanzenwahl nach einer leichten Hand. Der typische ländliche Garten, sei er nun tatsächlich auf dem Lande oder aber in städtischer Umgebung, ist zwanglos und informell von Natur, mit knirschenden Kiespfaden und einer Überfülle einander übertrumpfender Blüten und von Schlingpflanzen überwucherter dekorativer Bauten, Bögen und Lauben. Alte Wasserfässer, Metallmöbel mit Rostpatina und verwitterte Terrakotta sind weitere typische Details des ländlichen Gartens.

Hier findet sich der passende Rahmen für üppige traditionelle Bauerngartenpflanzen wie Stockrosen, Lupinen, Rittersporn, Akelei und Margeriten sowie die allseits beliebten Duftrosen. Die Bepflanzung darf ruhig ungekünstelt und planlos wirken, eine einzige Orgie aus Farbe, Textur und Duft.

Der Garten im ländlichen Stil ist die perfekte Umgebung für Gemüse, Obst und Kräuter. Es ist erstaunlich, wie gut sich ein Rahmen aus Ziersträuchern und blühenden Stauden mit Gemüsepflanzen kombinieren lässt. Kletterrosen, Geißblatt und Goldhopfen erklimmen Mauern, Zäune und Rankgitter, und ein schöner Kübel macht einen Pflaumen- oder Kirschbaum zur Hauptattraktion. Hohe Artischocken und Königskerzen und eine duftende, blühende Unterpflanzung aus Lavendel, Thymian, Salbei und Weinraute verleihen einem sonnigen Beet ein entschieden mediterranes Aroma.

Selbst wo der Platz ganz knapp bemessen ist, werden Sie staunen, wie viele Leckerbissen ein Hochbeet oder wenige extra angefertigte Container hervorbringen. Salatzutaten sind problemlos in verschiedenen Töpfen gezogen, Kräuter in einem Balkonkasten, und ein halbes Fass gibt sogar Kartoffeln für mehrere Mahlzeiten her, ohne dem Blumenreichtum Abbruch zu tun.

gegenüber *In diesem einladenden ländlichen Versteck bewacht ein metallener Fischreiher den Fischteich; im Hintergrund warten verblichene Holzsessel.*
unten *Am Hintereingang eines Hauses ist der ideale Platz für ein solches Szenario. Die Sammlung alter Terrakotta-Gefäße ist elegant und wie „zufällig“ arrangiert.*
vorhergehende Seite *Selbst im städtischen „Bauerngarten“ findet sich Platz für einen alten Gartenschuppen.*

Der ländliche Garten

Ob Sie auf dem Land leben und einen kleinen, separaten Garten anstreben oder aber ein wenig Landluft in die Stadt tragen wollen – mit einer entspannten, informellen Atmosphäre kommen Sie Ihrem Ziel am nächsten. Im traditionellen Cottage-Garten scheint jeder Flecken Erde Pflanzen hervorzubringen; er quillt über von duftenden Ranken, Töpfen voller leuchtend bunter Blüten und saloppen Dekorationen.

Der ländlich gestaltete Garten ist ein idyllischer Ruheort, an dem Sie neue Energie tanken können. Steht Ihnen der Sinn nach einer solchen romantischen Wildnis, einer Zuflucht vor der Stadt, so pflanzen Sie Stauden in großen Wogen – ihre interessanten Texturen und die Fülle verschiedener Blütenformen ergänzen sich zu nachhaltiger Wirkung. Gesellen Sie dazu leuchtende Sommerblumen in Töpfen und blühende Kletterpflanzen an Wänden und Rankgittern. Insekten und Vögel werden in Schwärmen von den nektarreichen Blüten, den nahrhaften Samenständen und den Schalen Leben spendenden Wassers angelockt und belohnen Sie mit ihrem Gesang und bunten Treiben.

Der **ländliche** Obstgarten schenkt uns das leise Summen der Insekten und den Duft der Sommerblumen.

Hier kommt es auf die freie Grundrissgestaltung an; geschwungene Beete lassen eine Erweiterung zu, wann immer Sie sich außerstande sehen, ohne ein paar exquisite Neuerwerbungen vom Pflanzenmarkt zurückzukehren. Irgendwann stellen Sie vielleicht fest, dass Ihre Beete ringsum an die Pflasterflächen stoßen.

oben *In diesem Hof treiben bezaubernde Tierskulpturen wie dieses verwegene Draht-Huhn ihren Schabernack.*

gegenüber *Eine Überfülle von Stauden und Kletterpflanzen ist perfekt für die zwanglose Terrasse; altes Granitsteinpflaster und ein gemütlicher Korbstuhl vervollständigen den ländlichen Chic.*

Stellen Sie hoch aufragende Königskerzen *(Verbascum)*, Sonnenblumen *(Helianthus)* und Stockrosen *(Alcea)* zu dreidimensionalen Bildern zusammen, ergänzt durch rankende Kapuzinerkresse *(Tropaeolum majus)* und Duftwicken *(Lathyrus)* an Reisigzelten. Verwenden Sie Pflanzen wie die Farben einer Malerpalette: Kombinieren Sie rote, gelbe und orange Taglilien *(Hemerocallis)*, Fackellilien *(Kniphofia)*, Canna und Sonnenhut *(Rudbeckia)* zu lodernden Flammen, und stellen Sie diesen das leuchtende Pink und Violett von Dahlien, Bartfaden *(Penstemon)* und Storchschnabel *(Geranium)* gegenüber.

Zu viel Blau kann es in einem Garten gar nicht geben; verwendet man diesen Farbton großzügig entlang der Grundstücksgrenzen, so verleiht er auch dem begrenzten Raum einen illusorischen Eindruck von Weitläufigkeit. Schmucklilien *(Agapanthus)*, Salbei und Eisenhut *(Aconitum)* warten mit hoch ragenden Blütenständen auf, und bodenständige Glockenblumen, Duftveilchen *(Viola odorata)* und bunte Stiefmütterchen *(Viola x wittrockiana)* vervollständigen das Spiel mit Form und Textur. Mit weißen Blüten ergibt das eher kühle Blau ein Team, das bei Tag funkelt und bei Nacht schimmert und so einen anstrengenden Tag zu einem friedvollen Abschluss bringen kann. Auf die sommerlichen Säulen des Rittersporns folgen spät in der Gartensaison weiße Anemonen hoch über dem blauen Nebel, und der Duft von Tabakblüten *(Nicotiana)*, Levkojen *(Matthiola)* und Lilien *(Lilium)* durchweht laue Abende.

Richten Sie sich einen Platz ein, an dem Sie in diesen Hafen der Ruhe ganz eintauchen können: Ein schlichter Tisch mit zwei Stühlen bietet Platz für ein gemütliches Frühstück, und rankendes Geißblatt *(Lonicera)* und Jasmin *(Jasminum)* versüßen den Sonnenuntergang auf einer Laubenbank.

oben *Beim Trödler finden sich etliche „Antiquitäten" vom Lande, wie dieser alte Waschtrog aus Zink und der Spülstein. Mit blühenden Kräutern und leuchtenden Iris tragen sie das Landleben in die Stadt.*

gegenüber *Gemüse und Blumen lassen sich erstaunlich gut kombinieren. Rosen ranken in dem sprießenden Garten zwischen Kohl, und duftende Veilchen ducken sich unter hohe Bambuszelte, die auf Stangenbohnen warten.*

Gemüsegarten *(Potager)* und Parterre

Gemüse verlangt geradezu nach formalem Gartendesign, denn in wohl geordneten Reihen und Beeten ist es besonders pflegeleicht. Auch den unterschiedlichen charakteristischen Formen und Farben kommt diese Anordnung sehr entgegen. Mit diesem Hintergedanken erfanden die schon immer stilbewussten Franzosen den Gemüsegarten oder Potager, einen kleinen, ummauerten, nach strengem Raster unterteilten Küchengarten, in dem ausschließlich Gemüse gezogen wird. Die Hausgarten-Variante des Potager adaptiert das Parterre – den formal angelegten Blumengarten – für ausgesuchte Gemüsearten. Eine attraktive, wohl schmeckende Möglichkeit wäre ein Parterre voller sommerlicher Salatzutaten, darunter verschiedenfarbige Blattsalate und Früchte, dazu essbare, duftende Blüten wie Kapuzinerkresse *(Tropaeolum majus)* und Duftveilchen *(Viola odorata)* sowie würzige Kräuter.

Wählen Sie einen möglichst offenen, sonnigen Gartenbereich und unterteilen Sie diesen in regelmäßige Dreiecke oder Vierecke. Diese sollten um einen gemeinsamen Mittelpunkt angeordnet sein und Platz für Wege lassen. Ist der Garten groß genug, so können Sie die Beete mit einer niedrigen immergrünen Hecke umgeben, wodurch die charakteristische Anlage rund ums Jahr dekorativ bleibt; ist so viel Platz nicht gegeben, versehen Sie die Beete mit einem niedrigen Weidenflechtzaun, den Sie im Winter durch einige Beetpflanzen ergänzen. Die übliche Wahl für eine solche Hecke ist dunkelgrüner Buchs *(Buxus sempervirens* 'Suffruticosa'); niedriger weißer Lavendel *Lavandula angustifolia* 'Nana Alba' oder hellgelbes Heiligenkraut *Santolina chamaecyparis* 'Lemon Queen' wären eine Design-Alternative mit einer zusätzlichen würzigen Dimension.

Widmen Sie jede Teilfläche des Parterres einem einzigen Pflanzentyp. Blattsalate gibt es in einer Vielzahl von Formen und Texturen, die sich zu einem farbigen, ergiebigen Bild kombinieren lassen. Die Vielfalt reicht von festen, knackigen grünen Sorten wie 'Little Gem' und 'Tom Thumb' über weiche, rundblättrige Pflücksalat-Sorten wie 'Salad Bowl' bis hin zum tief violetten 'Lollo Rosso' und dem rot gefärbten 'Sangria'.

Frische Kräuter sind ein unverzichtbarer Bestandteil des Potager. Bei wenig Platz überlassen Sie diesen kein ganzes Segment, sondern setzen Sie sie als Umrandung. Dicht wachsende „Mooskrause" Petersilie und horstbildender, an Gras erinnernder Schnittlauch *(Allium schoenoprasum)* eignen sich vom Wuchs. Haben Sie ausreichend Platz, so können Sie ein ganzes Segment den duftenden, farbenfrohen Thymian-Sorten *(Thymus)* widmen – darunter flach kriechende Arten und unterschiedlich hohe buschige Sorten.

Legen Sie auch eine Parzelle mit essbaren Blüten an. Diese sind eine ungewöhnliche, duftende Zutat zu Getränken, Salaten, Reisgerichten und Süßspeisen. Kapuzinerkresse ist vielseitig, mit

scharf schmeckenden Blättern und Blüten in strahlendem Gelb, Orange und Rot. 'Empress of India' ist besonders farbintensiv, mit dunklem, beinahe violettem Laub und blutroten duftenden Blüten; 'Peach Melba' bietet dazu einen ausgezeichneten Farbkontrast. Die Blütenblätter der Ringelblume *(Calendula)* setzen Farbtupfer in Orange und Goldgelb auf einen Salat. Die zarten malvenblauen Blüten des Duftveilchens und hübsche Gartennelken *(Dianthus caryophyllus)* können beide in Salaten und Nachspeisen verwendet werden; die winzigen, blauen Rosmarinblüten lassen sich für Sommerdrinks hervorragend in Eiswürfeln einfrieren.

Und schließlich, welcher sommerliche Esstisch ist ohne einen Teller süßer roter Tomaten komplett? Mehrere alte Terrakotta-Töpfe mit Tomatenpflanzen verwandeln den Mittelpunkt des Parterres in einen mundwässernden, dekorativen Blickfang. Stellen Sie verschiedene alte Gartensorten zu einer ungewöhnlichen, geschmacksstarken gelb-rot-grünen Kombination zusammen.

oben *Dieser ländliche Gartenhof nutzt jedes bisschen Architektur: Die Wände erklimmen Kletterhortensien, an einer Pergola schaukelt Goldhopfen. Mit Naturstein gesäumte Kieswege treffen sich in der Gartenmitte bei einem gusseisernen Wasserspiel.*
gegenüber *Buchs säumt die dreieckigen Beete dieses schönen gemischten Parterres. Gemüse und roter und grüner Salat ordnen sich neben gelbem Mutterkraut und orange blühenden Tagetes zu geometrischen Mustern.*

unten *Ein beschwingtes Mosaik umspielt Petersilie und Salat.*

Gemüse in der Lotrechten

gegenüber *Ein überdachter Sitzplatz ist in jedem Hof willkommen. Hier profitiert eine Weinrebe von dem geschützten Standort, während Kräuter und Tomaten die Wärme der Ziegelmauer tanken. Terrakotta-Töpfe voller Geranien nehmen die Farbe von Wand- und Dachziegeln auf.*
rechts *Eine durchbrochene Kletterwand dient einem Kürbis als skulpturales Rankgerüst.*
unten *Stangenbohnen beranken diesen Tunnel aus Baustahlmatten; der informelle Gartenraum erhält durch das ungewöhnliche Material Prägnanz.*

In die Höhe zu planen bedeutet, dass Sie jeden kostbaren Zentimeter Ihres Gartens nutzbar machen. Grenzmauern sind ein passender Hintergrund für Obstspaliere und Kletterpflanzen, während Rankgerüste und Bögen sowie improvisierte Stangenzelte mit einer Vielzahl genussreicher und dekorativer Möglichkeiten aufwarten. Eine kleine, mit Trauben oder – etwas ungewöhnlicher – mit Beeren wie Tayberry (neuerdings auch hier im Versandhandel) oder stachellosen Brombeeren berankte Pergola wäre ein schöner Blickfang.

Wärme und Schutz einer sonnenwarmen Ziegelwand lassen empfindlichere Obstsorten wie Pfirsiche und Aprikosen gedeihen, während ein kühlerer, nicht ganz so sonniger Standort Äpfeln und Birnen entgegenkommt. Die waagerecht gezogenen Äste des Spalierobstes sind ebenso zierend wie praktisch; mit einem Maximum an Licht und Wärme reifen hier die Früchte optimal aus. Hoch rankende Tomaten profitieren ebenfalls von einem derart geschützten Standort; 'Gardener's Delight', eine Kirschtomate mit riesigen Trauben, gestreifte 'Tigerella' und gelbe 'Yellow Perfection' sind alle geschmacksintensiv und gedeihen hervorragend an einer warmen Wand.

Als Fächerspalier gezogenes Steinobst wie Pflaumen und Kirschen sowie wärmeliebende Feigen sprechen ebenfalls positiv auf eine sonnige Wand an; hier tragen sie reichliche und frühe Ernte. Holzzäune speichern weniger Wärme als Mauern, was sich allerdings durch einen schwarzen Anstrich verbessern lässt. Spanndrähte oder Rankgitter bieten hier Befestigungsmöglichkeiten für rankende Kürbisgewächse wie 'Pumpkin' und 'Delicata'.

Unterschätzen Sie nie die dekorative Wirkung rankender, fruchttragender Gewächse. Die Blüten von Stangenbohnen beschwören sogleich die Bauerngarten-Idylle – versuchen Sie es mit der rosa blühenden 'Sunset', der weißen 'Desiree' oder rot-weiß gezeichneter 'Painted Lady'. Absolut glamourös ist die unermüdliche Lablab-Bohne *(Lablab niger)*, eine wahre Primadonna mit kirschroten Blüten und unendlich langen, glänzenden, violetten Schoten. Bohnen wollen sich um hohe Stangen oder Schnüre schlingen; zum Zelt aufgestellt, vergrößern diese die Erntefläche eines Beetes mit niedrigem Gemüse enorm.

Stangenzelte und Obelisken haben den Vorteil, dass sie im Handumdrehen Architektur in den Garten bringen; sollen sie einmal keine Bohnen oder Kürbisgewächse tragen, so lassen sie sich mit einjährigen Blumen beranken. Rankende gelbe Kapuzinerkresse 'Canariense' *(Tropaeolum peregrinum)*, Prunkwinden *(Ipomoea)* und Schwarzäugige Susanne *(Thunbergia alata)* verausgaben sich einen ganzen Sommer lang; sie unterstützen den informellen Cottage-Garten-Look.

Hochbeete und Container

Zwei grundlegende Schwierigkeiten gilt es oft zu überwinden, will man in einem abgeschlossenen Bereich einen Gemüsegarten anlegen: schlechte Lichtverhältnisse und karger Boden. Hochbeete hinter Stützmauern jedoch können meist beide Probleme mit einem Schlag beheben, denn hier ist für tieferen Boden gesorgt, und die Pflanzen sind dem Licht näher gerückt. Aus Ziegeln gemauert sind sie am schönsten, doch auch Hohlbetonsteine müssen nicht ihren funktionalen Charakter beibehalten. Man kann sie verputzen und anstreichen, mit Fliesen oder einem exotischen Mosaik schmücken oder mit Flechtzaun rustikal verkleiden. Schwere Balken und Holzschwellen sind ebenfalls eine gute Alternative; sie sind stabil und benötigen kein Fundament.

Guter Wasserabzug ist unerlässlich; der Untergrund sollte daher unbefestigt, von Unkraut befreit und umgegraben sein. Schachten Sie das Fundament für eine Ziegel- oder Werksteinmauer 15 cm tiefer als unbedingt nötig aus und füllen Sie eine entsprechende Lage Schutt oder Kies ein, um die Dränage zu verbessern, bevor Sie zu mauern beginnen. Versehen Sie die Mauer außerdem unten mit Abzugslöchern.

Auf einer Dachterrasse oder anderen befestigten Fläche treten große Pflanzcontainer an die Stelle von Hochbeeten. Vor Ort aus feuchtraumgeeignetem Sperrholz gefertigt, können sie frei oder vor einer Wand stehen; Wasserversorgung und -abzug sollten bereits beim Entwurf eingeplant werden. Anstrich oder Lasur sind eine mögliche Endbehandlung; eine Alternative ist die Verkleidung mit verzinktem oder rostfreiem Stahlblech. Solche Container lassen sich in beliebiger Größe und Tiefe bauen, doch auf Dachterrassen ist das Gewicht ein nicht außer Acht zu lassender Faktor; lassen Sie sich daher schon vor der Planung von einem Statiker die Tragfähigkeit Ihres Daches bestätigen.

Sowohl Hochbeete als auch Container wollen mit gutem Humus gefüllt sein, der im Garten- und Baustoffhandel zu beziehen ist. In diesen müssen Sie reichlich groben, gut verrotteten Stallmist einarbeiten.

Etliche Kräuter und Gemüse lassen sich im Hochbeet und Container ziehen. Berücksichtigen Sie bei Ihrem Pflanzschema die Wuchseigenschaften des Gemüses und die Zeit bis zur Erntereife, um den Platz optimal nutzen zu können. Auberginen und Paprika wachsen recht kompakt, Schnittkräuter wie Koriander, Rauke und Petersilie sind hübsch als Umrandung. Reservieren Sie die Sonnenplätze für Tomaten; geben Sie ihnen reichlich Platz und setzen Sie Basilikum darunter. Sonnenhungrige mediterrane Kräuter wie Rosmarin, Thymian und Salbei tolerieren Sonne und Wind, während Salat nur leicht beschattet und windgeschützt gedeiht.

gegenüber *Bei dieser Stadtterrasse beeindruckt die formale Gestaltung. Die Pflanzen im ziegelgesäumten Hochbeet fangen das Sonnenlicht optimal ein. Die massierte Wirkung der Reihen von Lorbeerbäumchen, Buchskugeln, Thymian und Lavendel erinnert an die grandiosen Parterres des 18. Jahrhunderts.*

links *Dekorative Stiefmütterchen schmücken die Treppe zu einem Innenhof.*

unten *Diese speziell angefertigten verzinkten Behälter nehmen eine Pflanzenmischung mit darauf abgestimmter Gartenerde auf; die unterschiedlichsten Gemüse, Kräuter und Salate lassen sich darin anpflanzen.*

Fallstudie:

Genuss im Überfluss

Diesen üppigen Gemüsegarten umrahmt eine schöne immergrüne Hecke; sie gibt dem Gartenraum eigenen Charakter und einen schützenden Hintergrund. In diesem hauptsächlich als Nutzgarten konzipierten Bereich – hier vor allem mit Gemüse sowie aromatischen Kräutern wie Rosmarin und Thymian bepflanzt – wird ebenso viel Wert auf das Praktische wie auf das Aussehen gelegt.

Der Gartenteil ist in leicht erhöhte Beete von pflegeleichter Größe eingeteilt; eine Einfassung aus robusten Hölzern verleiht dem Ganzen einen hübsch rustikalen Eindruck. Die Wege zwischen den Beeten sind breit genug für Schubkarren, was die Pflege ungemein erleichtert. Tatsächlich ist die gesamte Anbaufläche vom Weg aus erreichbar, weshalb sie nie betreten werden muss. Die Wege sind mit grobem Kies bedeckt, der mit der Harke problemlos sauber zu halten ist. Der Gesamteindruck ist adrett und rationell.

Bei einer vorwiegend niedrigen Bepflanzung ist die Lotrechte von besonderer Bedeutung. Hier wurde am Eingang des Hofbereichs ein massiver hölzerner Torbogen errichtet, der sich als Rankhilfe für ausdauernde Kletterpflanzen wie Wein *(Vitis)* und Duftrosen eignet. Geradlinige Klettergerüste aus hölzernen T-Konstruktionen und Ketten bringen zusätzlich Höhe in die Beete; an ihnen lassen sich Bohnen und Kürbisgewächse ziehen.

oben und gegenüber *Massive Holzschwellen rahmen das leicht erhöhte Beet; dies erleichtert den Zugang für Pflege- und Erntearbeiten.*
oben links *Ringelblumen* (Calendula officinalis) *tragen nicht nur fröhliche Farbe ins Gemüsebeet, sondern vertreiben auch Schadinsekten.*
links *Die einzelnen Beete sind zu einer Wagenradform angeordnet; sie quellen über mit Gemüsepflanzen, Küchenkräutern und blühendem Schopflavendel* (Lavandula stoechas).

Der Gartenplan:

Bau eines kleinen Hochbeets

Ebenso dekorative wie praktische Hochbeete sind gut geeignet, um darin Gemüse und Kräuter zu ziehen. Eine niedrige Umrandung ist problemlos aus Holzschwellen zu fertigen. Ihr Gewicht und ihre Stabilität vereinfachen die Konstruktion und erfordern lediglich ein ganz simples Fundament.

1. Stecken Sie das Beet mit Pflock und Schnur ab; lockern Sie die Beetfläche mit der Grabegabel, um für guten Wasserabzug zu sorgen.
2. Für ein einfaches Fundament heben Sie einen 10 cm tiefen Graben aus, der 10 cm breiter als die Schwellen sein sollte.
3. Füllen Sie den Graben mit Schotter und verdichten Sie diesen gut mit einem Vorschlaghammer oder einem stabilen Holzpfosten; die Oberfläche soll auf gleicher Höhe wie das Erdreich sein.
4. Legen Sie die erste Reihe Schwellen so aus, dass sie auf dem Schotterunterbau zentriert sind; achten Sie darauf, dass die Ecken rechtwinklig aneinander stoßen. Sie können das Beet wie in unserem Beispiel mit einer einzigen Lage Schwellen oder aber höher anlegen.
5. Legen Sie die zweite Lage Schwellen auf; versetzen Sie dabei den Stoß wie beim Mauern. Kontrollieren Sie Senkrechte und Waagerechte der Seiten mit einer Wasserwaage.
6. Legen Sie die dritte Lage auf. Sollen die Seiten noch höher werden, so bohren Sie senkrecht Löcher durch die Schwellen, wo diese an den Ecken überlappen. Stecken Sie von oben Armiereisen hindurch und hämmern Sie diese fest in den Boden.
7. Um den Pflanzen zu einem ausgezeichneten Start zu verhelfen, füllen Sie das Hochbeet mit frischer Erde und arbeiten Sie eine dicke Schicht gut verrotteten Stallmist ein, den Sie beim Reitstall bekommen. Verwenden Sie niemals frischen Mist, denn dieser setzt beim Verrotten zu viel Stickstoff frei und schädigt die Pflanzen. Im Herbst mit frischem Mist vorbereitete Beete können Sie im Frühjahr bepflanzen; dies gibt dem Mist genug Zeit zum Verrotten. Alternativ können Sie die Erde mit eigenem Kompost anreichern.

oben ***Rosmarin trägt würziges Laub, ohne das der Küchengarten nicht auskommt.***

Calendula officinalis

Pflanzen

1 *Dicksonia antarctica* (Baumfarn)
2 *Lavandula angustifolia* (Lavendel)
3 *Rosmarinus officinalis* (Rosmarin)
4 *Calendula officinalis* (Ringelblume)
5 Mairübchen
6 Tomaten (*Lycopersicon esculentum*)
7 Rote Beete (*Beta vulgaris*)
8 krause Petersilie (*Petroselinum crispum*)
9 glatte Petersilie (*Petroselinum crispum*)
10 Salatrauke (*Eruca versicaria* subsp. *sativa*)
11 Kamelienhecke (*Camellia*)

oben *Tomaten* **(Lycopersicon esculentum)** *bringen auf kleinem Raum eine gute Ernte.*

rechts *Petersilie* (Petroselinum crispum) *ist wohl das gebräuchlichste Küchenkraut. Es gibt zwei Sorten – krause und glatte. Das Foto zeigt krause Petersilie, die attraktiver ist und häufig als Garnierung dient.*

links Eruca versicaria *subsp.* sativa, *die Salatrauke, schmeckt pfeffrig-senfartig. Mit diesem scharfen Kraut lässt sich Mischsalat aus Blattsalaten und anderen eher faden Zutaten schmackhaft variieren. Die kleinen weißen Blüten tragen in der Mitte eine feine violette Zeichnung.*

links *Ist der Boden in Ihrem Hof für Gemüse und Kräuter ungeeignet, so machen Sie sich mit einem Hochbeet unabhängig. Der beste Boden für den Küchengarten ist leicht sauer. Selbst in einem so kleinen Beet wie diesem können Sie viele verschiedene Gemüsearten ziehen. In unserem wachsen unter anderem Tomaten und Rote Beete sowie Kräuter.*

NIEDRIGES HOCHBEET IM QUERSCHNITT

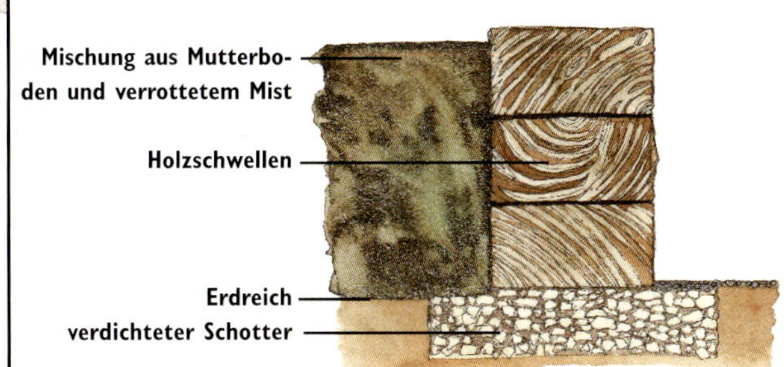

Unser modernes Zeitalter lässt uns mit seiner Reizüberflutung, seinem Lärm und seiner Hetze den Ausgleich in der Natur, in Ruhe und Frieden suchen. Der Besinnungsgarten kommt diesem Wunsch mit besänftigenden Farben, einer weichen Bepflanzung und informellem Design entgegen. Die ideale Gartenoase gibt der Seele Nahrung und dem Körper Entspannung, sie schenkt uns eine Zeit der inneren Einkehr und des Rückzugs. Hier lernen wir auch den Kreislauf der Natur schätzen, wenn wir im Wechsel der Jahreszeiten das Aufblühen und Fruchten der Pflanzen beobachten. Den Boden und mit ihm die Pflanzen zu hegen ist ein unverzichtbarer Teil dieses Entspannungsprozesses; hier erholen wir uns am besten.

Besinnliche Orte

Ein besinnlicher Gartenraum sollte Natürlichkeit und Zurückhaltung atmen, Ordnung ohne Geradlinigkeit. Er ist kein Schaustück, sondern zieht uns psychisch wie physisch in sich hinein; er ist ein Spielplatz der Sinne, auf dem wir uns im Rascheln windbewegten Laubes, im Tröpfeln des Wassers und im Gesang der Vögel verlieren. Eine kühle, offene Wasserfläche wirkt immer erfrischend auf Körper und Seele; sie spiegelt die Umgebung und den Sonnenglanz und lädt obendrein die Tierwelt zum Baden und Trinken ein.

Üppiges Grün erfrischt die städtische Atmosphäre mit belebender Feuchtigkeit und Sauerstoff, es erneuert unsere Kräfte und steigert unser Wohlbefinden. Eine großzügige, anmutige Bepflanzung kombiniert wohl geformte Immergrüne mit laubabwerfenden Sträuchern und Bäumen zu einer Miniatur-Landschaft, die den Wechsel der Jahreszeiten spiegelt, von der zarten Frühlingsblüte bis hin zu feurigen Herbstfarben. Damit Sie das Resultat auch genießen können, sind bequeme Sitze an besonders schönen Stellen notwendig, wohin Sie sich gern

immer wieder zurückziehen möchten. Wege und Bauten aus die Sinne ansprechenden und möglichst geringfügig bearbeiteten Rohmaterialien wie Holz und Stein stehen im Einklang mit der naturhaften Gestaltung und dem Design.

Die üppige, formenreiche Bepflanzung des besinnlichen Gartens kommt dem Bedürfnis nach Rückzug, diesem seltenen Luxus in städtischer Umgebung, sehr entgegen. Abgeschiedenheit bietet ein vom Gebäude umschlossener Garten; hier blicken alle Räume hin zum Grün, vielleicht mit Bambus bepflanzt und mit niedrigen Bänken um einen Karpfenteich versehen. Eine teilweise Überdachung mit verschiebbaren Glaspaneelen verlängert die Nutzbarkeit eines solchen Hofes bis in die Wintermonate hinein.

gegenüber *Zaunfelder aus einheitlich abgelängtem Bambus bilden einen wirkungsvollen und doch natürlichen Sichtschutz.*
unten *Dieser heitere „Schaugarten" inmitten eines schützenden Bambusdickichts beruft sich auf die Landschaftssymbole der Zen-Tradition. Gezielt ausgewählte und platzierte Felsen symbolisieren Inseln inmitten einer Meereslandschaft aus geharktem Kies.*
vorhergehende Seite *Hohe Baumfarne kreieren Schattenspiele und schaffen gleichzeitig ein Gefühl der Abgeschiedenheit.*

Der Betrachtungsgarten

Vom traditionellen japanischen Tempelgarten können wir viel zum Thema Ruhe und Stille und über unser Verhältnis zur Natur und den Wert der Beschaulichkeit lernen. Dieser Ansatz der Gartengestaltung unterscheidet sich grundlegend von dem des Westens, denn ein solcher Garten wirkt nicht künstlich in die Landschaft hineingesetzt, sondern scheint organisch aus ihr zu entspringen. Die Naturverehrung kommt besonders in der Weise zum Ausdruck, wie hier Bäume, besonders alte und empfindliche Exemplare, gehegt und gepflegt werden.

Im Außenbereich japanischer Tempelanlagen finden sich kleine, konzentrierte „Betrachtungsgärten". Sie sind als symbolische Landschaften konzipiert; diese „Natur als Kunst" interpretiert Landschaft im Miniaturformat, sie verwendet in Form gezogene Bäume und platziert Felsen mit Bedacht auf einer Ebene aus Moos, Kies und Wasser. Hier kann man meditierend auf die Reise gehen, durch die Betrachtung von Bergen, Flüssen und Meeren.

Von niedrigen Mauern umschlossen, sind diese Gärten dazu ausgelegt, von einer Veranda oder Terrasse aus bewundert zu werden. Zu ihnen zählen die berühmten Zen-Gärten aus Stein und Sand, doch ebenso häufig trifft man auf naturnähere Gärten aus Fels und Wasser. Der Betrachtungsgarten kann für den westlichen Hausgarten eine Vorlage bilden. Erfolgt der Zugang durch große Fenstertüren, die einen ungestörten Blick von drinnen nach draußen zulassen, so kann uns eine solche abgeschiedene, sowohl von der Terrasse als auch vom Hausinneren aus sichtbare Gartenszenerie das ganze Jahr lang erfreuen – ein vom Fenster gerahmtes Bild. Eine solche innige Verbundenheit mit der Natur macht diesen Bereich zu einem wahren „Gartenraum", in dem wir zwölf Monate lang die unterschiedlichen Lichtverhältnisse genießen können. Im Sommer liegt er vollkommen offen; Drinnen und Draußen sind nahtlos miteinander verbunden.

Der **Betrachtungsgarten** ist als künstlerische Interpretation der Landschaft komponiert.

links *Mit Flechten überzogene Findlinge dominieren diese Miniatur-Landschaft; sie suggerieren Hügel in einer grünenden Ebene, durch die ein „trockener" Fluss fließt. Roter Fächerahorn* (Acer palmatum) *vor einem Bambuszaun dient als Abschluss.*
gegenüber *In diesem kleinen Garten konzentriert sich die ganze Aufmerksamkeit auf eine dynamische Teichanlage mit kreisendem Wasser. Schwere Holzplanken schaffen einen optischen wie auch tatsächlichen Brückenschlag zwischen den Steinplatten des Uferweges.*

Der Betrachtungsgarten sollte – ganz anders als der auf rechten Winkeln und Parallelen beruhende formale Garten westlicher Tradition – die Besonderheiten natürlicher Form und Komposition herausstellen. Machen Sie das Dreieck zu Ihrer Gestaltungsgrundlage und konzentrieren Sie sich darauf, eine asymmetrische Balance herzustellen, indem Sie zwischen hoch und niedrig, schwer und leicht ein optisches Gleichgewicht herstellen. Eine hohe Hanfpalme *(Trachycarpus)* auf der einen Gartenseite beispielsweise kann durch eine Gruppierung aus drei verschieden großen Steinen auf der anderen Seite ausbalanciert werden. Sämtliche Gruppierungen, seien es Pflanzen oder dekorative Objekte wie Steine, sollten aus einer ungeraden Anzahl von Elementen arrangiert sein – je kleiner, desto mehr. Pfade sollten kurvenreich angelegt sein oder hinter einer Wegbiegung verschwinden, sodass ihr eigentliches Ziel dem Blick verborgen bleibt.

Aus der Vogelperspektive zeigt ein solcher geheimer Garten häufig ein interessantes texturiertes Muster aus Pflanzengestalten und Farben, das sich bei der Betrachtung aus einem Fenster im höheren Stockwerk als spannender Nebeneffekt erweist, ganz anders als beim Blick zur ebenen Erde. Diese Perspektive verleiht der horizontalen Ebene der Pflanzen und Gestaltungselemente eine neue Bedeutung; sie verlangt geradezu nach der Kombination von flächiger Bepflanzung mit breiten, Akzente setzenden Wipfeln von Baumfarnen und Palmen und einem Untergrund aus Wasserflächen und strukturreichen Böden.

Das Konzept des Gartenhofs, das sich in der japanischen Stadtarchitektur aufgrund extrem beengter Verhältnisse bereits über Jahrhunderte entwickelt hat, lässt sich, zeitgenössisch interpretiert, problemlos für den Westen adaptieren. Wohnungen mit winzigsten Freiräumen zu ebener Erde oder im Souterrain, Reihenhausgärten sowie schattige, schmale Seitengärten bergen häufig das Potenzial zum Betrachtungsgarten im Miniaturformat.

Mit ein wenig Fantasie lassen sich selbst düstere Kellerräume zum Garten öffnen und so mit einem eigentlich wenig verheißungsvollen Bereich oder einem Lichthof verbinden. Ein nachträglich eingebautes Panoramafenster erfüllt einen Raum bei Tag mit Sonnenlicht und bei Nacht mit dem Widerschein des beleuchteten Miniaturgartens. Ein derart beengter Bereich profitiert von einem ganz und gar minimalistischen Ansatz bei Bepflanzung und Dekoration, etwa der Beschränkung auf schönes Pflaster und eine einzige dominierende Palme oder einen Bambushorst, der seine Schatten auf den schützenden Mauern spielen lässt. Ein kleines Wasserspiel versieht das winzige Bühnenbild mit Leben.

gegenüber *Ein kleiner Bachlauf schlängelt sich träge durch diese tiefgrüne, ruhige Anlage im japanischen Stil, in der ein Holzsteg in klassischem Rot den einzigen Farbakzent setzt. Anstelle von Moos breitet sich hier Bubikopf* (Soleirolia soleirolii) *nach Belieben aus; winzige Koniferen und Felsen setzen vertikale Akzente.*
rechts *Dicht gedrängte exotische Bepflanzung verwandelt diesen schmalen Hof in ein Dschungelabenteuer. Wegplatten lenken den Blick zwischen Gefäßen mit blau und weiß blühenden Schmucklilien* (Agapanthus) *hindurch.*

Natürliche Werkstoffe

oben links *Der natürlich belassene Fels ist ein guter Kontrast zu dem feinblättrigen, grünen Polster aus Bubikopf* (Soleirolia soleirolii).
oben Mitte *Ein Weg aus Schieferbruch zieht sich wie ein trockenes Flussbett durch eine grüne Landschaft.*
oben rechts *Das dunkle Laub des Schlangenbartes* Ophiopogon planiscapus *'Nigrescens' schiebt sich zwischen Strandkies und Kieselsteinen empor.*

Passend zur Philosophie der Einheit von Natur und Mensch ist es nur folgerichtig, dass man Werkstoffen, die – wie Ziegel oder Beton – künstlich hergestellt wurden, solche vorzieht, die sich in einem möglichst naturbelassenen Zustand befinden. Sanft strukturierte Umfriedungen entstehen aus Bambus- oder Schilfrohrmatten; dunkler wirken Zaunfelder aus Weiden- oder Heidegeflecht.

Pflaster aus gespaltenem Stein ist von ansprechender Wirkung; seine geraden Kanten allerdings sollten durch weiche, horstbildende oder kriechende Pflanzen aufgelockert werden. Wege mit geschütteter Oberfläche haben eine zur Umgebung passende Oberflächenstruktur: Silbriger Schieferbruch ist von bewegter, beinahe fließender Optik, die durch das knirschende Geräusch und Gefühl beim Begehen angenehm ergänzt wird.

Schotter in unterschiedlichen Größen ist recht kostengünstig, macht allerdings einen etwas harschen Eindruck. Rund geschliffener Flusskies ist eine weitaus attraktivere Alternative; seine Farben rangieren von Weiß über rosiges Grau bis hin zu Braunschwarz. Kies ist nach Durchmesser sortiert und vom für Wege perfekten Feinkies mit einem Durchmesser von wenigen Millimetern bis hin zu relativ großen Kieselsteinen erhältlich, mit denen sich dekorative Sitzflächen und natürlich anmutende Wasserspiele anlegen lassen.

Sie werden feststellen, dass beim Streben nach einer optisch ausgewogenen Anlage selbst das kleinste Gärtchen von einer Freifläche profitiert, auf der der Blick zur Ruhe kommt. Bei der konventionellen Gestaltung übernimmt meist der Rasen diese Aufgabe; bei der fernöstlichen Interpretation hingegen kann eine Kiesfläche dieselbe beruhigende Wirkung haben. Damit sie nicht leblos wirkt,

erhält die Oberfläche eine optisch interessante Gestaltung mit geharkten kurvenreichen Mustern, welche an eine hügelige Landschaft oder das gekräuselte Meer erinnern. Große, wohl geformte, einzeln ausgewählte Felsen setzen spannende Zeichen; sie erinnern an schwimmende Inseln oder schroffe Felsgebirge.

Ein puristischer Zen-Kiesgarten mag dem westlichen Auge leblos erscheinen; es kann daher sinnvoll sein, ihn durch Moospolster oder Gräser wie Schwingel oder Seggen zu ergänzen, deren frisches Grün eine Wohltat für das Auge ist. Um das ursprüngliche Konzept nicht zu zerstören, sollten diese jedoch gezielt als einzelne Akzente gesetzt und nicht freizügig ringsumher verteilt werden. Kleine Bäume, wie der Schlitzahorn *Acer palmatum* var. *dissectum* und Zierkirschen *(Prunus)*, beleben einen Kiesgarten mit herrlichem Laub, Frühlingsblüten und häufig auch noch mit schöner Rinde; besonders wirkungsvoll sind sie nah am Wegrand, wo Moos die Kanten weich überwuchert.

Mit rustikalen Stufen lässt sich ein Niveauwechsel gut herbeiführen. Wiederverwertete Holzschwellen aus Hartholz oder behauene Stämme sind eine praktische Trittkante, die einer Hinterfüllung aus Kies oder Schiefer Halt bietet. Kleine immergrüne Schildfarne *(Polystichum)* stellen eine zarte Verbindung zur benachbarten Bepflanzung her, indem sie mit ihren gekräuselten Wedeln harte Kanten überspielen.

Naturbelassenes Holz fügt sich weich in eine natürlich anmutende Umgebung ein, und wo eine höhere Ebene gewünscht ist, lässt sich diese leicht mit Deckhölzern anlegen. Ein Holzdeck direkt am Haus schafft einen Aussichtspunkt, von dem aus sich die ganze Anlage dem Blick darbietet.

oben links *Ein Fensterrollo aus Bambus wird, hoch oben unter einer Glyzine aufgehängt, auch im Freien zum wirksamen Sonnenschutz.*

oben rechts *Ein glatter Glaskiesel setzt zwischen Kopfsteinen aus dunklem Granit ein spiegelndes Glanzlicht.*

Das Element Wasser

gegenüber oben *Mit seinen geschwungenen Plankenstegen und der Fontäne in der Mitte wirkt dieser abenteuerliche Entwurf wie ein wasserklares „Auge". Die Kraft des Wasserstrahls, der sich durch einen Drahtkorb voller Glaszuschlag kämpft, bildet einen faszinierenden Kontrast zu der Stille der Wasserfläche.*
oben rechts *Ein kopfüber eingesetztes Goldfischglas bringt Wasserpflanzen auf faszinierende Art ans Licht.*
unten *Am Rand einer mit großen und kleinen Kieseln gesäumten Terrasse ist ein solcher tsukubai ein charmantes Detail. Hier suchen auch Vögel kühle Erfrischung.*

Eine naturnahe Gartenanlage gewinnt durch Wasser ungemein; mit Lichtreflexen und typischen Geräuschen spricht es unsere Sinne an. In welcher Gestalt Sie das Wasser einbringen – sei es als Teich, Rinne, bescheidene Schale oder kleines Becken –, hängt davon ab, wie viel Platz zur Verfügung steht und wie groß die Rolle sein soll, die dem Wasser bei der Gestaltung zugedacht ist. Guter Stil ist gewiss auch ohne komplizierte Konstruktionen möglich, und wo Platz oder Ressourcen begrenzt sind, ist schlichtes Design immer richtig. Eine flache Schale mit Sitzrand beispielsweise zieht Vögel an, während ein tiefer Steintrog mit einer Schöpfkelle an heißen Tagen menschlichen Gartenbesuchern Erfrischung verheißt.

Verfügen Sie über genügend Raum, so können Sie an einer offenen Stelle, die weder von Ästen überragt wird noch in tiefem Schatten liegt, einen Teich ausheben. Die ungebrochene Oberfläche bringt ein Gefühl der Ruhe in den Garten; lebendig wird sie durch die eine oder andere nicht allzu wüchsige Seerose *(Nymphaea)* sowie eine Randbepflanzung mit feuchtigkeitsliebenden Iris, Primeln und japanischem Kalmus *(Acorus gramineus)*. Ein flacher, schöner Kieselstrand im Uferbereich lockt eine Vielzahl von Tieren an, einschließlich Insekten und badende Vögel.

Ein solcher Teich ließe sich schön mit einem holzgedeckten Sitzplatz oder einer überdachten Veranda kombinieren, mit Bänken und Steingutgefäßen voller Sumpfgräser, Aronkelch *(Zantedeschia)* und blaugrünen Funkien *(Hosta)*. Aus massivem, naturbelassenem Hartholz schlicht gefertigt, fügt sich eine solche Plattform oder Veranda nahtlos in die natürliche Gestaltung ein und verschmilzt mit der Landschaft.

In Bewegung versetzen können Sie das Wasser mit einer Tauchpumpe, die es am Rand entlang kreisen lässt. Alternativ setzen Sie die Pumpe so ein, dass das Wasser an mehreren Stellen zwischen den Kieselsteinen eines flachen Uferbereichs heraufblubbert. Hier passt eine schlichte Bepflanzung mit Binsen, die sich durch die Wasserbewegung nicht stören lassen (Seerosen nämlich bevorzugen stehendes Wasser).

Eine Kaskade wäre an einem solchen Teich ebenfalls kein Fehlgriff; für den nötigen Hügel bietet sich der Aushub vom Teichbau an. Sorgsam gesetzte Felsen und große Steine, zwischen denen Zwergsträucher, Farne und Moose natürlich arrangiert sind, bilden die Miniatur-Landschaft, durch die sich dieser Wasserfall ergießt, vergleichbar jenen des traditionellen japanischen Betrachtungsgartens.

Ein Bach oder eine Rinne kann einen Gartenraum in zwei Teile teilen; ein stiller, steingesäumter Kanal hingegen schafft mitten in einem Beet einen Platz, an dem der Blick angenehm zur Ruhe kommt. Weniger formal wirkt es, wenn das Wasser leise plätschernd über die Steine eines seichten, kurvigen Bachbetts rinnt.

links *Die vollkommene Stille der Wasserfläche in diesem Zinkbecken wird durch den dunklen Kieselgrund und einen Saum burgunderroten Lebendblatts („Henne mit Küken“,* Tolmiea) *noch unterstrichen. Einen ausgezeichneten Gegensatz bilden das gelbgrüne Laub im Vordergrund und die weichen Rundungen der Buchskugeln weiter hinten.*

Beschauliche Bepflanzung

oben links *Diese Zusammenstellung am Wegrand verführt mit interessanten Textur- und Formkontrasten.*
oben Mitte *Wie in einem buddhistischen Tempelgarten schweben weiße und rosa Lotusblüten über den tellergroßen Blättern.*
oben rechts *Diese langsam wachsende Kiefer wird durch ihr skurriles Profil zum perfekten Solitär.*

Japanische Designer verwenden Pflanzen und Materialien häufig symbolisch, oft um dem Garten eine spirituelle Dimension zu verleihen oder eine bestimmte Landschaft *en miniature* nachzubilden; dieses Konzept bietet sich auch für den Garten in der Stadt an. Die immergrüne Kiefer beispielsweise wird als Symbol der Ausdauer und Langlebigkeit verehrt. Die japanische Schwarzkiefer *(Pinus thunbergii)* und die Rotkiefer *(P. densiflora)* sind beide als kleinwüchsige Selektion erhältlich; sie lassen sich hervorragend in Form ziehen und stutzen. Niedrige und Hängeformen wie die Weymouths-Kiefer *Pinus strobus* 'Nana' und *P. densiflora* 'Pendula' sind ideal für den als Landschaft angelegten Gartenraum, vor allem in Verbindung mit Kies- und Steinflächen. Kandidaten von ansprechender Prägnanz finden sich auch unter den übrigen Koniferen, wobei die Fichten *(Picea)* mit attraktiven Zwergformen aufwarten.

Eine auffallende Gestalt ist auch der Australische Baumfarn *(Dicksonia antarctica)* mit kräftigem verholzendem Stamm und frischgrünen, weit ausladenden Wedeln. Obgleich er als frostempfindlich eingestuft wird, kann dieser Farn häufig im Schutz eines Gartenhofs überwintern. Wo die Voraussetzungen dafür nicht gegeben sind, erzielen die chinesische Hanfpalme *(Trachycarpus fortunei)* und die Zwergfächerpalme *(Chamaerops humilis)* aus dem Mittelmeergebiet ähnliche Wirkung.

Der besinnliche Gartenraum benötigt eine gute Grundstruktur aus Immergrünen, die rund ums Jahr eine Konstante bilden; den Wechsel der Jahreszeiten illustrieren ausgewählte laubabwerfende Arten. Nichts kann den Übergang vom Winter zum Frühjahr so schön verdeutlichen wie die Kirschblüte. Ein einziger kleiner Baum, etwa der reinweiß blühende *Prunus* 'Shirotae', die dunkelrosa Hängekirsche

'Cheal's Weeping' oder die duftende 'Takasago' in Muschelrosa, reicht aus, um die Stimmung zu heben. Für wenigstens eine elegante Kamelie sollte ebenfalls Platz gefunden werden; sie wartet mit immergrüner Präsenz und einer schönen weißen, rosa oder roten Frühlingsblüte auf. Zwergrhododendren und immergrüne Azaleen tragen im späten Frühjahr einen bunten Reigen oftmals duftender Blüten. Der Herbst ist die zweite Übergangsphase im Garten; nun entfalten die Ahornarten ihre Leuchtkraft – das zarte, tief eingeschnittene Laub des Fächerahorns *(Acer palmatum)* wechselt am Ende des Sommers von leuchtendem Frühlingsgrün zu herrlichen Gelb-, Gold- und Rotschattierungen.

Stattlicher Bambus ist mit seinen schlanken Halmen und raschelnden Blättern ein schöner Sichtschutz entlang von Grundstücksgrenzen und Wegen; fein texturierte Riesengräser sind eine zweite Möglichkeit. Bambus kann allerdings stark wuchern; die *Pleioblastus*-Arten sollten bei beengten Verhältnissen gemieden oder in Gefäße relegiert werden. Brauchbarer ist die Familie der *Phyllostachys*; zu ihr zählen einige der schönsten Arten, darunter der hoch geschätzte Schwarzrohrbambus *(P. nigra)*, der Goldbambus *(P. aurea)* sowie der biegsame *P. flexuosa*.

Einige der schönsten mittleren bis hohen Gräser, mit herrlichem Laub und silbrigen Blütenständen, finden sich unter den Chinaschilfen *(Miscanthus sinensis)*; das gestreifte 'Zebrinus', das elegante 'Gracillimus' sowie die überhängende Sorte 'Kleine Fontäne' sind nur einige Beispiele. Vollkommen anders wirken die niedrigen, runden Polster des Blauschwingels *(Festuca glauca)*; ihr feines blaugraues Laub macht eine Gruppenpflanzung in der Sonne zum Blickfang.*

oben links *Der Australische Baumfarn* (Dicksonia antarctica) *erhebt seine eleganten Blattwedel graziös über seinen kräftigen holzigen Stamm; in einem geschützten Innenhof ist er ein edler Blickfang.*

oben rechts *Die Schlichtheit der massierten, schmalblättrig aufragenden blauen Iris vor einem Hintergrund aus hellgrünen Farnen lässt ein Bild voller Frieden entstehen.*

---

* Viele weitere Gräser und ihre Verwendungsmöglichkeiten finden Sie in dem Buch Nancy J. Ondra, „Gräser im Garten", München 2002

Fallstudie:

Besinnliche Zuflucht

Das Streben nach Ausgewogenheit und Harmonie hat diesen Garten inmitten der Stadt zu einer Zuflucht gemacht, die sämtliche Sinne befriedigt – perfekt für die Besitzerin, die alternative Medizin praktiziert. Das sensible, holistische Design interpretiert die gegensätzlichen Kräfte des Yin und Yang und reflektiert gleichzeitig die fünf Elemente Metall, Feuer, Erde, Luft und Wasser sowohl in den Materialien, die zur Umsetzung des Gartens verwendet wurden, als auch in den Farben der Bepflanzung.

Eine hoch gelegene, mit Naturstein belegte Terrasse am Haus dient als eine nach Westen gerichtete Plattform, von der aus sich der Blick über den Garten öffnet; Tisch und Stühle aus schwarzem Metall laden hier dazu ein, sommerliche Sonnenuntergänge zu genießen. Stufen führen auf einen Schieferweg hinab; er trennt die energiegeladene, nach Süden weisende Yang-Seite mit ihrer vielseitigen, geradezu lodernden Bepflanzung rechterhand von den kühlen Yin-Vertretern, die im Schatten der anderen Seite ruhen. Der Gesamteindruck zeigt sich durch und durch ruhig und harmonisch.

Der Pfad knickt mehrmals im rechten Winkel ab und führt so auf indirektem Wege durch den Garten und zu einem stillen Wasserbecken mit eingesetzten Trittsteinen. Über diesem wacht ein meditierender Buddha, der entspannt vor einem schmalen, lässig an die Wand gelehnten Spiegel ruht.

Die wechselhafte Reise entlang des Weges gibt dem Besucher immer neue Rätsel auf, welches Geheimnis sich wohl hinter der nächsten Biegung verbirgt. Eine dichte, raschelnde Bambushecke entzieht den hinteren Gartenteil vollständig dem Blick. Der Pfad mündet schließlich in eine versteckte Lichtung, auf der ein Bambus-Liegestuhl zur wohl verdienten Ruhe lädt. Diese Aufteilung in klar abgegrenzte Bereiche ist eine hervorragende Methode, einen langen, schmalen Grundstückszuschnitt zu kaschieren.

oben *Spitzige, energiegeladene Formen verleihen der heißen Yang-Rabatte Höhe und eruptive Wirkung.*

oben links *Eine lodernde Fackel am Wegrand ist die ideale Wegbeleuchtung in einem solchen Dschungelgarten.*

links *Die Gartenbepflanzung soll hier die gegensätzlichen Kräfte des Yin und Yang symbolisieren. Die leuchtenden Farben dieses Beetes verdeutlichen die starke Seite des Yang.*

gegenüber *Der Pflasterbereich am Kopfende des eingeschlossenen Gartens erlaubt einen Überblick über die kontrapunktisch bepflanzten Beete.*

Der Gartenplan:

Anlegen eines Schieferweges

Ein Schieferweg bringt Atmosphäre in den Garten, mit einem Schwerpunkt auf natürlicher Harmonie und organischen Materialien. Dazu kommt das angenehme Knirschen beim Begehen.

1. Stecken Sie die Grundfläche des Weges mit Pflock und Schnur ab und heben Sie sie mindestens 30 cm tief aus.
2. Verdichten Sie die Erdoberfläche gründlich mit einer Rasenwalze oder durch Stampfen mit einem kräftigen Holzpfahl.
3. Legen Sie eine 15 cm starke Lage Schotter. Bauen Sie gleichzeitig beiderseits des Weges auf einer dünnen Schotterschicht imprägnierte, 30 cm breite und 2,5 cm starke Holzbretter hochkant als Wegrand ein, sodass die Oberkante der Bretter etwa 2,5 cm über Bodenniveau steht. Verdichten Sie den Schotter wie bereits beschrieben.
4. Verteilen Sie groben Kies 5 cm dick und walzen oder treten Sie ihn fest.
5. Bedecken Sie diesen mit einer 3–5 cm starken Schicht Feinkies und harken Sie diese glatt.
6. Bringen Sie schließlich Schieferbruch bis zur allgemeinen Bodenhöhe aus. Tränken Sie den Weg mit Wasser, um den Feinkies zu binden und den Schiefer vom Staub zu befreien.

Melianthus major

Pflanzen

1 *Typha minima* (Zwergrohrkolben)
2 *Holboellia latifolia*
3 *Euphorbia mellifera*
4 *Phormium tenax* (Neuseeländer Flachs)
5 *Dodonaea viscosa* 'Purpurea'
6 *Trachycarpus fortuneii* (Hanfpalme)
7 *Sophora microphylla* (Schnurbaum)
8 *Cordyline australis* (Keulenlilie)
9 *Yucca rostrata* (Palmlilie)
10 *Albizia julibrissin* 'Rosea'
11 *Iris confusa*
12 *Yucca* sp.
13 *Astelia chathamica*
14 *Beschorneria yuccoides*
15 *Festuca glauca* (Blauschwingel)
16 *Agapanthus africanus* (Schmucklilie)
17 *Crocosmia* 'Solfaterre' (Montbretie)
18 *Melianthus major* (Honigstrauch)
19 *Euphorbia amygdaloides* 'Purpurea' (Mandelblättrige Wolfsmilch)
20 *Canna* 'Durban' (Indisches Blumenrohr)
21 *Musa basjoo* (Jap. Faserbanane)
22 *Polystichum setiferum* 'Divisilobum' (Borstiger Schildfarn)'

unten *Die glatte Wasseroberfläche ist ein perfekter Spiegel für das sanft raschelnde Grün dieses Gartens, wunderschön ergänzt durch die ebenholzfarbene Tiefe des Beckens.*

oben *Dieser Winkel am Kopfende des Gartens ist ideal, um die ruhige Szene in sich aufzunehmen.*

QUERSCHNITT DURCH DEN SCHIEFERWEG

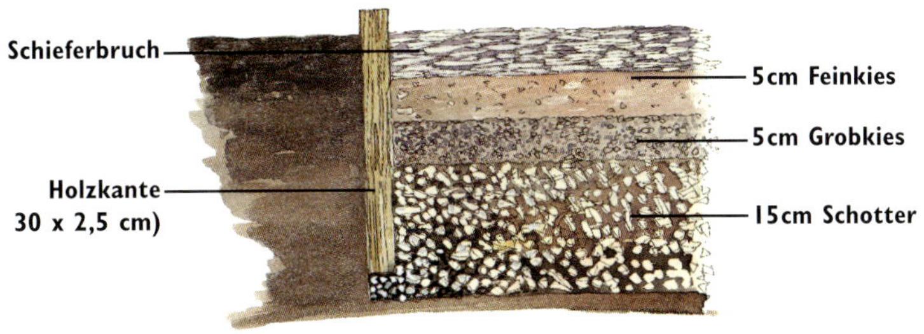

oben *Schiefer ist ein wunderbar natürliches Wegmaterial für einen derart meditativen Raum.*

Die Auswirkungen von Zeitdruck und Raumknappheit auf das Leben von heute haben unsere Vorstellungen von Freizeit und Entspannung für immer geändert; dies kommt sowohl in der Wohnarchitektur als auch im Design des modernen Terrassengartens in Form von Geradlinigkeit, Pflegeleichtigkeit und wohl strukturierter, lediglich ein Minimum an Pflegeaufwand erfordernder Bepflanzung zum Ausdruck.
Der moderne Terrassengarten kann ebenso als anregendes, gastfreundliches Esszimmer im Freien wie als Ausstellungsraum für avantgardistisches Design dienen, mit faszinierender Architektur in leuchtenden Farben, mit moderner Skulptur und Effekten durch Wasserspiele.

Der moderne Gartenraum

So mancher moderne Gartengestalter konzentriert sich bei der Anlage eines geradlinigen, minimalistischen Terrassengartens auf das architektonische Gerüst. Dieses kann eine willkommene Abwechslung sein, doch man sollte nie die Rolle vergessen, die Pflanzen darin spielen können. Selbst in einem ganz und gar formalen Raum mit klarer architektonischer Linienführung ist es nicht notwendig, auf die Farbe, Bewegung und Textur zu verzichten, die Pflanzen beizusteuern haben, und ebenso wenig auf Humor.

Die heutigen Baumaterialien sowie die derzeit verwendeten kräftigen, leuchtenden Farben und ungewöhnlichen Texturen stellen viele traditionelle Vorstellungen auf den Kopf – buntes Glas gibt sich als Pflanze, Bodenbeläge treiben optische Spielchen, Wasserskulpturen aus Glas oder hochglanzpoliertem Stahl funkeln am Tag in der Sonne und schimmern bei Nacht im Licht eines sorgfältig ausgerichteten Strahlers.

Im modernen Terrassengarten kann der Städter nach Belieben mit ausgefallenen Containern und der entsprechenden Bepflanzung experimentieren und ebenso mit ultramoderner Skulptur. Faszinierende abstrakte Plastiken aus ungewöhnlichen Materialien ergänzen das Design um eine vollkommen neue Dimension; sie bringen den persönlichen Geschmack und Vorlieben zum Ausdruck.

Pflegeleichtigkeit ist ebenfalls ein wichtiger Aspekt der modernen Terrassenanlage, mit einem Schwerpunkt auf Oberflächen, die sich problemlos sauber fegen oder abspritzen lassen. Ähnliche Regeln gelten für die Bepflanzung, bei der strukturgebende, wenig arbeitsaufwändige Immergrüne an erster Stelle stehen. Während diese der Pflanzung ihren Rahmen geben, werden die Zwischenräume im Sommer mit blühenden Stauden gefüllt.

gegenüber *Ein niedriger Holztisch nimmt die exzentrische Form des Swimmingpools nochmals auf.*
unten *In diesem Terrassengarten rahmen lang gezogene Rahmenkonstruktionen den Freiraum wie die Seiten eines riesigen Terrariums, gefüllt mit Pflanzen und Tierskulpturen. Niedrige Holzbänke drängen sich an die Außenmauern und überlassen dem Schwimmbecken und dem Whirlpool die besonnte Fläche.*
vorhergehende Seite *Dieses Design wirkt durch starke Farbkontraste und Geometrie.*

Avantgardistisches Design

Hochmodernes Gartendesign verbindet gewagte Geometrie, glatte Oberflächen und klare Bepflanzung zu Gärten mit dynamischem Charakter. Ein solches Design stellt sich idealerweise als nahtlose Fortsetzung der Architektur des Wohngebäudes dar und reflektiert dessen Proportionen und Form. Die Gestaltung des Hauses wird wieder aufgenommen, um optische und tatsächliche Verbindungen zwischen diesem und der Gartenarchitektur herzustellen. Ein architektonisches oder schmückendes Gartenelement nimmt die Form eines Fensters, die Höhe einer Tür oder die Gestalt eines Giebels auf und macht so den Gartenraum zur Ergänzung der Wohnarchitektur.

Weniger ist eindeutig mehr im modernen Garten, der gerade den **freien Raum** zur Unterstreichung von Blickpunkten nutzt.

Tiefe, aufgeräumte Terrassen verbinden sich mit niedriger, monochromer Bepflanzung in geordneten Blöcken zu einem Eindruck von Freiheit und Leichtigkeit. Die Pflanzen sind entweder direkt in den Boden oder in Hochbeete mit glatt gegossenen Mauern gesetzt. Diese „ruhigen" Flächen finden ihr Gegengewicht in räumlichen und optischen Barrieren und Übergängen, die Bewegung ins Bild bringen und sich beim Gang durch den Garten erfahren lassen.

oben *Kakteen und Sukkulenten stehen unübersehbar im Mittelpunkt dieses „Wüstengartens".*
rechts *Dieser ungewöhnliche Entwurf, der an sanft anrollende Meeresdünung erinnert, ist eine lebhafte Verkörperung heutiger Gartengestaltung. Der blaue Glaszuschlag scheint den Himmel zu spiegeln, und die Hochbeete hinter den weiß getünchten Mauern sind mit leuchtenden Stauden und architektonischen Immergrünen bepflanzt.*

Eine Trennung von Bereichen, die als Blickfang wie auch als Kontrast dient, ist ein unerlässlicher Bestandteil des Designs. Ein wassergefüllter Kanal ist ein vielseitiger trennender Kunstgriff; er ist das exakte Gegenteil des Weges und kontrastiert in seiner Textur wie in seinem ganzen Wesen mit Pflasterflächen und Pflanzen. Er kann als entscheidende Verbindung den Zusammenhang zwischen Haus und Grundstücksgrenze herstellen, deren Mauer er als Wasserfall entspringt, oder sich über niedrige Stufen über mehrere Ebenen fortsetzen.

Dachartige Konstruktionen sind dreidimensionale Aussagen, die eine Verbindung zur Architektur des Hauses herstellen und gleichzeitig das Layout des Gartens akzentuieren. Eine markante Stahl-Pergola, welche eine Fensterlinie aufnimmt, zieht den Blick auf sich und unterstreicht so einen Wegverlauf; ihr mit der Sonne wandernder Schattenwurf unterstützt die dynamische Wirkung zusätzlich.

Der hypermoderne geschützte Garten kann aussagekräftigen Plastiken als kühl-zurückhaltender Fond dienen, als regelrechte Kunstgalerie. Frei stehende Sichtblenden aus Metall oder leuchtend bunt gestrichenem Beton dienen als elegante räumliche Unterteilung oder Pflanzhintergrund; verspiegelte Obelisken tragen mit facettierten reflektierenden Oberflächen Licht und eine Illusion von räumlicher Tiefe in die Schattenbereiche.

gegenüber links *In dieser tropischen Rabatte setzen Bromeliengewächse in unterschiedlichen Farben grafische Akzente in kontrastierende Flächen aus glänzend schwarzem und dunkelgrünem Schlangenbart* (Ophiopogon).
gegenüber rechts *Niedrige, bodendeckende Pflanzen lassen sich wirkungsvoll zu einem lebenden Mosaik zusammenfügen: Rechteckige Pflanzblöcke einzelner Arten in unterschiedlichen Grün-, Schwarz- und Grautönen antworten auf die Formen der dekorativen Tafeln und Buntglasfelder der Umfriedung.*

links *Wuchtige, hochkant gestellte Dachbalken dienen diesem schmalen Kiesweg als Sichtschutz und Rahmen, und ebenfalls hochkant in den Kies eingelassene Holzbretter nehmen die Vertikalen rhythmisch auf. Eine farbenfrohe Unterpflanzung mit kirschroten* Kosmeen *dient als naive Untermalung der aufragenden Konstruktion.*
oben *Hinter schmeichelnden blühenden Stauden ragt ein kurvenreicher Sichtschutz aus Edelstahl auf, aus dem mit Lasertechnik Blattmotive ausgeschnitten wurden – ein spannendes Spiel mit Formen.*

Abgehobene Materialien

Architektur spielt in der modernen Gartengestaltung eine bedeutende Rolle, und die heute als verwendbar akzeptierten Materialien haben viele vorgefasste Meinungen über „Stil" im Garten gewandelt. Neue Verwendungsmöglichkeiten finden sich in Haus und Garten für Industriewerkstoffe wie Baustahlmatten, Edelstahl und Beton, ebenso für farbiges Plexiglas, Stoffe und Glaszuschlag. Farbe lässt durchscheinende Materialien beinahe surreal erscheinen; ihre Intensität verändert sich abhängig von den Lichtverhältnissen. Plexiglasplatten, ein stabiles, leichtes Material, sind in leuchtenden Bonbonfarben erhältlich. Ein Sichtschutz aus verschiedenfarbigen Platten kann wie ein Gemälde von Mondrian wirken und die Umgebung in Farbe tauchen. Orange, Rot und Gelb werfen einen sonnigen Glanz, Blau und Grün dagegen wirken eher leicht gespenstisch.

Auch Glas spielt in der modernen Gartenanlage eine Rolle. Ein frei stehender Sichtschutz aus massiven Glasbausteinen ist stabil und doch lichtdurchlässig. Auch in die Gartenmauer können Glasbausteine integriert werden, wo sie Licht durchlassen, ohne die Privatsphäre zu kompromittieren. Auf unbegangenen Flächen ist Glaszuschlag ein Mulch mit Spezialeffekt; die körnige Oberfläche kann Zen-artig geharkt werden. Vollkommen anders dagegen wirkt ein Meer aus glänzenden dunklen Kieseln als exotischer Hintergrund für stachelige blaugraue Agaven und andere Sukkulenten.

Beton ist das wohl vielseitigste Baumaterial überhaupt; seine Festigkeit und zudem Formbarkeit machen es für verschiedenste Ver- und Bearbeitungen brauchbar. Die eleganten, dekorativen Ergebnisse stehen zu dem so häufig anzutreffenden rohen, grauen Industriebeton in keinem Vergleich.

Im Gartenbereich kommt Beton häufig für Stützmauern, für Beete und Pools zur Verwendung, doch aus ihm lassen sich ebenso kurvige Sitzmöbel und Pflanzcontainer fertigen. Gewöhnlich wird vor Ort gegossen, doch wo eine besonders feine Oberfläche oder eine ausgefallene Form gefragt ist, kann die Anfertigung anderenorts erfolgen, mit den unvermeidlichen daraus resultierenden Transportproblemen.

Auch frei stehende Elemente wie Mauern und Torbögen können aus Beton gefertigt werden. Ein frei stehender massiver Sichtschutz aus Beton kann einem Wasserfall oder einer Skulptur als Hintergrund dienen; ein rundes oder

gegenüber *Die Wirkung dieser surrealen Komposition beruht auf Illusion und Farbe. Senkrechte Plexiglas-Paneele bilden den Hintergrund für rechteckig angelegte Beete, über die drei Ligusterbäumchen* (Ligustrum jonandrum) *wachen.*

links *Zwergenhafte graue Sukkulenten bevölkern eine mit türkisen Muschelschalen bedeckte Fläche.*

unten *Farbige, zwischen horizontalen Trägern verspannte Plexiglasscheiben sind eine wirkungsvoll durchbrochene Sichtblende.*

quadratisches Fenster gewährt einen überraschenden Einblick in einen anderen Gartenteil.

Ist eine absolut glatte, saubere, elegante Oberfläche gewünscht, so kommt Zement ins Spiel. Reinweißer Zement ist eine erfrischende Alternative zu dem üblichen trüben Grau, und beigemischte Farbpigmente sorgen für unübersehbare Kontraste; sogar Blattgold bietet sich an. Haben Sie es lieber etwas griffiger, so kann ein gröberer Zuschlag wie glatte Kiesel oder Glasnuggets (s. S. 158, unter Glaskoch) beigemischt oder nach dem Gießen aufgebracht und durch Abbürsten der obersten Zementschicht freigelegt werden. Wird Zement in eine Holzverschalung gegossen, so gibt das Material nach dem Aushärten die Holzmaserung als Relief wieder. Auch durch Bürsten oder Kämmen der fast abgebundenen Oberfläche lässt sich Zement mit einer imitierten Maserung versehen.

Spiegelglas ist ein ungemein nützliches Mittel zur Erzeugung von Illusionen; es wirft Licht in schattige Bereiche und täuscht durch Reflexionen eine größere Tiefe vor. Ein besonders attraktives Objekt oder eine Fassade wirkt durch einen in die gegenüber liegende Wand eingelassenen Spiegel gleich doppelt; noch raffinierter sind hohe, frei stehende Säulen oder Tafeln, die hintereinander zwischen niedrigen Pflanzen angeordnet sind.

Edelstahlblech lässt sich fast spiegelblank polieren und reflektiert ebenfalls Licht – besonders nützlich, wo es gilt, dem Schattenwurf eines hoch aufragenden Gebäudes oder großen Baumes entgegenzuwirken. Wird es als Sichtschutz im oder um den Garten verwendet, so lassen mit dem Laser ausgeschnittene Figuren Licht und Ausblicke zu. Strukturiertes, geprägtes Stahlblech eignet sich für stilisierte rutschfeste Stege und Treppenstufen im Techno-Look.

oben *Fast wie Ansteckssträußchen zieren kleine graue Sukkulenten diesen Sichtschutz aus Sisal.*
links *Dünne, oben und unten zwischen Latten gespannte Stoffbahnen wirken schattierend, ohne Licht und Ausblick gänzlich zu blockieren.*
gegenüber *Dieses moderne bleiverglaste Fenster spielt eine dynamische Rolle als Trennlinie zwischen zwei verschiedenen Bereichen. Ein schmaler Schlitz lässt den Betrachter einen abgeschirmten Sitzplatz hinter der Gras- und Staudenrabatte erahnen.*

Moderne Pflanzgefäße

oben links *Ein großzügig proportioniertes Zinkgefäß setzt winzigen duftenden, graulaubigen Thymian in Szene.*
oben Mitte *Aufrechte Grashalme entsprießen einem Gefäß in leuchtendem Blau, das mit dunkel gefärbten Muscheln besetzt ist.*
oben rechts *Eine architektonische Pflanze findet einen sicheren Stand in der glatten, runden Form dieser Terrakotta-Schale.*

Aufgrund beengter Verhältnisse oder eines Mangels an offenem Boden sind die neueren Gärten häufig in starkem Maße auf Pflanzcontainer angewiesen; auf hoch gelegenen Balkonen oder Dachterrassen muss jegliche Pflanzung notgedrungen im Container erfolgen. Damit die Pflanzen gesund bleiben, sind reichlich Kübelpflanzenerde und entweder ein hingebungsvoller Wasserträger oder ein automatisches Bewässerungssystem notwendig.

Passend zu dem reduzierten, minimalistischen Gartenstil, der die moderne Architektur ergänzt, sollten an die Stelle der häufig stark dekorierten traditionellen Gefäße solche mit klareren Linien treten. Zwei neue Formen haben sich dabei herausgebildet. Die erste ist eine hochgezogene Variante des runden Blumentopfes mit schrägen Seiten – ein hohes, enges Gefäß, das höher ist als breit. Derartige Container bestehen meist aus Terrakotta oder Steingut, manchmal auch aus Metall. Sie sind äußerst elegant, wenngleich sie ihre schmale Form an exponierter Stelle etwas instabil sein lässt. Polsterbildende oder kugelig gestutzte Pflanzen wirken in diesen Töpfen am besten; sie zeigen ein optisches Gegengewicht zum überproportionierten Fuß und sind nicht allzu windempfindlich.

Die zweite Tendenz ist der Behälter mit senkrechten Seiten. Aus dem Wunsch heraus, dem Stadtgarten einen vollkommen neuen Look zu geben, entstand der glänzende Zinkkübel. Diese Zylinderform erfreute sich sofort großer Beliebtheit; sie lässt sich problemlos aus Blechen fertigen, wobei allerdings die richtigen Proportionen wichtig sind, wenn sie nicht unförmig wirken soll. Pflanzgefäße aus dünnem Metall sind jedoch einem gesunden Pflanzenwuchs nicht zuträglich, da sie in direkter Sonne leicht überhitzen, was Wurzelschäden und Austrocknung zur Folge hat. Die Lösung

war die Entwicklung des sinnreichen doppelwandig konstruierten Zinkcontainers, der die Blumenerde mit einer Luftschicht gegen die Wärme isoliert. Die rauchgraue Oberfläche erinnert stark an Blei, ohne dessen unhandliches Gewicht. Würfel und überdimensionierte Säulenformen von ausgewogenen Proportionen lassen sich zu vielflächigen abgestuften Arrangements gruppieren, ideal für beengte Terrassen. Außerdem gibt es elegante, sich nach unten verjüngende runde und quadratische Formen, zum Teil als Solitärkübel bis zu 1,20 m Höhe.

Einfaches Zinkblech ist als schützende Außenhülle für passgenau gefertigte Holzbehälter besser geeignet; hiermit verleiht man eingebauten Pflanzkästen einen Hightech-Look, der sich zum Beispiel für eine Dachterrasse eignet, wo Gewicht immer ein Problem ist. Zink wird mit der Zeit stumpf; die einzige Garantie für bleibenden Glanz bietet extrem teurer Edelstahl, der dafür jedoch fast ewig haltbar ist.

Grundsätzlich sollte ein Material all seiner Eigenheiten willen gewählt werden; einer Reproduktion aus Fiberglas fehlt grundsätzlich die Integrität des Originals. Plexiglasscheiben geben nicht vor, Glas zu sein, und die neuesten Polyestergefäße stehen ehrlich zu sich selbst. Diese leichten Würfel könnten sich durchaus zum modernen Klassiker entwickeln. Sie werden in unterschiedlichen leuchtenden Farben angeboten, die UV-resistent sind und daher nicht verblassen; das leicht durchscheinende Material macht es außerdem möglich, eine Pflanzengruppe durch Lichteffekte aufzulockern.

oben links *Dieser exquisit geformte Krug mit strukturreicher Glasur kommt ohne jeden weiteren Schmuck aus.*
oben Mitte *Derart leichtgewichtige verzinkte Pflanzgefäße sind ideal für Dachterrassen.*
oben rechts *Das schmale schwarze Laub des Schlangenbarts ist eine feine Ergänzung für einen Terrazzo-Topf im Retro-Look.*

Moderne Skulptur

rechts *Eine friedvolle Steinmaske erfüllt das harmonische Gräserbeet mit Heiterkeit.*
gegenüber *Mit durchsichtigen Plexiglas-Schwimmern und Nylonschnüren wurde aus einem schmalen Metallrahmen ein kurzlebiger Raumteiler.*
unten *Massige Holzsäulen sind zu einer dynamischen Skulptur aufgereiht; die Konstruktion ist vom Aufbau wie von den Kosten her recht unaufwändig.*

Der kühle, klar geschnittene moderne Außenraum ist eine hervorragende Freiluftgalerie, perfekt als Hintergrund für zeitgenössische Skulptur. Hier lässt sich eine einzelne Plastik ebenso gut ausstellen wie eine größere Sammlung diverser Stücke. Der grundlegende Unterschied zum Innenraum besteht darin, dass in einer natürlichen Umgebung das Ausstellungsstück eine metaphysische Beziehung zum landschaftlichen Umfeld aufnimmt. Wird beispielsweise Naturstein bearbeitet und poliert, bis die Streifen und Farben seiner zeitlosen Schichten sichtbar werden, so ist das eine sinnträchtige, sinnliche Form – ein gewichtiges Kunstwerk, das in Verbindung zu seinen Ursprüngen tief unter der Erde steht. Auch Holz zeichnet sich durch eine starke Verbundenheit zur Natur aus; einst mit der Erde verwurzelt, entblößt es nun sein Innerstes unter dem Blick des Holzschnitzers, wenn nicht seine natürliche, unbearbeitete Form gar als abstrakte Skulptur interpretiert wird.

Drahtkonstruktionen wirken leicht und luftig; sie scheinen im Wind zu treiben wie eine nur hin und wieder sichtbare flackernde Vision. Spiegelglas verfügt über ähnlich schwer zu fassende Eigenschaften. Als frei stehendes Element verwendet, reflektiert es raffiniert Licht und mannigfache Spiegelbilder, die den Betrachter mit immer wieder neuen Reflexionen zerstreuen. Ganz außergewöhnlich wäre die Gestaltung eines kleinen Innenhofes mit mehreren hohen Spiegelflächen als zentralem Blickfang, ja geradezu als seiner Daseinsberechtigung, die bei Tag das Sonnenlicht spiegeln, in nächtlicher Beleuchtung jedoch eine gespenstische Verwandlung erfahren.

Auch Licht selbst kann als Skulptur wirken; inzwischen gibt es Leuchtmittel, die spannende Möglichkeiten eröffnen. Biegsame Plastikschläuche mit integrierten Lichterketten (im Fachhandel unter „Schlauchlicht", s. S. 159 unter Stiers) sind vielseitig verwendbar; man kann sie um Baumstämme winden oder zu informellen abstrakten Skulpturen verschlingen und so eine feenhafte Stimmung schaffen, perfekt für abendliche Inszenierungen. Auch Fiberglasstränge eignen sich für interessante nächtliche Effekte. Locker arrangiert, wirken sie wie ein Meer wogender Gräser mit winzigen Leuchtpunkten an der Spitze; zu Büscheln gebunden ähneln sie funkelnden Seeanemonen.

Fantastisches Wasser

Im Gartendesign wird in letzter Zeit großer Wert auf die innovative Einbindung von Wasser gelegt; die von Mal zu Mal aufwändigeren Projekte, die auf den Gartenausstellungen zu sehen sind, bieten dem Gartenbesitzer eine hervorragende Anregung. Trichter und Speirohre konkurrieren mit rotierenden Kristallkugeln, glänzende Glastürme mit Pyramiden aus schimmernden Stahlkissen; sie lassen pulsierende Ströme aus Licht und Energie entstehen.

In heißen Klimaten, wo sich das Leben draußen abspielt, liegt der Schwerpunkt eindeutig auf dem Swimmingpool, der vor allem den kleineren Garten häufig vollkommen dominiert. Im kühleren Klima ersetzen ihn oft ein Whirlpool oder ein Tauchbecken bei der Sauna.

Kein Garten, der etwas auf sich hält, wird auf das **Funkeln** des Wassers verzichten, ob als Wasserfall oder ruhig in einer Schale.

Der Wasserfall am Schwimmbecken, berühmt geworden durch David Hockneys Gemälde, ist aus unseren Köpfen nicht wegzudenken; diese Installation lässt sich auch im kleineren Rahmen umsetzen. Hierzu wird Wasser hinter einer Zwischenwand nach oben gepumpt und strömt durch einen breiten Schlitz in kräftigem Schwall in das darunter liegende Becken, wo es Licht und Schatten auf der aufgewühlten Oberfläche tanzen lässt. Eine Alternative zum Becken wäre eine dicke Lage Glaskiesel, nach Möglichkeit von unten erleuchtet – eine ausgefallene nächtliche Lichtskulptur.

oben *Bewegung vereint sich mit Lichtreflexen, während das Wasser durch konzentrisch angeordnete Stahlreifen rinnt und schwappt, deren Spalten mit türkis schimmernden Glasplatten bestückt sind.*
gegenüber *Dieses vollkommen gestaltete himmelhohe Privatbad lädt zu warmer Entspannung ein.*

gegenüber *Zeitgemäßes Design verbindet klare Linien und ruhige Farben wie Hellgrau, Grün und Beige zu einer entspannten Atmosphäre. Eine surreale, avantgardistische Note bringen die im Pool treibenden Silberkugeln ein.*
unten links *Hauchfeine senkrechte Wasserstrahlen prasseln auf einen glänzenden Stahlrohrreifen.*
unten rechts *In einer zur Hälfte mattierten Plexiglasröhre blubbert Wasser empor, während in der benachbarten Pflanzung Springstrahlen die Sinne erfreuen.*

Wilde Wasserbewegung ist im kleinen Garten, in dem Geräusche leicht vielfach reflektiert werden, nicht unbedingt wünschenswert. Nach dem Grundprinzip des Hockneyschen Wasserfalls funktioniert auch ein Arrangement, bei dem das Wasser oben an einer Wand austritt, um geräuschlos an ihr herabzurinnen. Dasselbe Prinzip lässt sich auf eine frei stehende polierte Stahlplatte anwenden, auf durchscheinendes Glas oder – strukturreicher – auf eine goldschimmernd gestrichene Betonwand. Einen polierten Stahlmonolithen verwandelt Wasser in einen schwimmenden Spiegel, während es fast unsichtbar über seine Oberfläche rinnt.

Aufspringendes Wasser ist von ganz besonderer Lebendigkeit, und zu den interessantesten Fontänen zählen solche ohne sichtbares Wasserreservoir. Schmale Wassersäulen, die aus dem Pflaster hochschießen, bieten einen amüsanten Anblick und laden zu erfrischenden Wasserspielen ein – vor allem dann, wenn das Wasser bald höher und bald weniger hoch emporsteigt.

Dem stilleren Gemüt dient das formale Becken als ruhiger, beschaulicher Blickfang; vor allem in Hausnähe fügt dieses sich ausgezeichnet in den architektonischen Rahmen. Jeglicher Schmuck ist hier aber überflüssig, sinnvoll ist eine Sitzkante am Beckenrand. Stilles Wasser kann eine Gartenfläche in verschiedene Räume teilen. Winzige Becken, die durch ins Pflaster eingelassene Kanäle verbunden sind, schaffen im Garten eine Folge von Übergängen. Quellsteine in den Becken halten das Wasser sanft in Bewegung; der leise Fluss durchschneidet den Raum wie ein geometrisches Band. Besonders wirkungsvoll ist eine solche Gestaltung, wenn sie über mehrere niedrige Höhenübergänge erfolgt.

URBAN CHIC

Architektonische Bepflanzung

Geometrie ist vor allem für den abgeschlossenen Garten und den modernen Terrassengarten ein wichtiger Designfaktor; sie lässt sich nicht nur durch die Architektur von Boden, Wand und Bauten einbringen, sondern ebenso durch die Bepflanzung. Die klaren, geraden Konturen eines minimalistischen Designs werden unterstrichen, wenn die Bepflanzung den Linien der Wände und Wege folgt und in architektonischen Blöcken auf Bodenebene oder in abgestuften Hochbeeten angeordnet ist.

Eine Vielzahl kühner Effekte, welche die architektonische Gestaltung der Gartenanlage wieder aufnehmen, ergibt sich durch die Verwendung von Blattschmuckpflanzen, die sich in Form und Habitus, Farbe und Textur unterscheiden. Schachbrettmuster und Streifen kommen am Boden sehr gut zur Geltung, und höhere Pflanzen wiederholen sich als Sichtschutz und Weggeleit.

Rasenbildende, polsterförmig oder büschelig wachsende Immergrüne sind die beste Wahl für eine solche Bodengestaltung, und Grau, Gelbgrün, Violett und Schwarz sind die wirkungsvollsten Farben. Gute Textur ist ebenfalls wichtig. Das schwarze, riemenförmige Laub des Schlangenbartes *Ophiopogon planiscapus* 'Nigrescens' beispielsweise setzt ein glänzendes, magisch dunkles Zeichen; das nadelfeine, büschelig wachsende Blauschwingelgras *Festuca glauca* hingegen ist von leichter, subtiler Zartheit. Bodendeckende Sukkulenten wie rosettenbildende Hauswurz-Arten (*Sempervivum* spp.) und manche fleischige Mauerpfeffer-Arten (*Sedum* spp.) lassen sich mit exotischem Effekt einsetzen; sie alle wirken gut in Verbindung mit mineralischem Mulch. Ihre Blattfarben, die von Silbergrau bis Rotviolett reichen, werden hervorragend von groben weißen Marmorchips, violettschwarzem Schiefer oder dunklem, glattem Flusskies herausgestellt.

Zwergsträucher wie duftendes silbriges Heiligenkraut und Lavendel lassen sich ausgezeichnet zu dichten Formen scheren; höher wachsender Buchsbaum *(Buxus sempervirens)* und Eibe *(Taxus baccata)* sind eine schöne dunkelgrüne Alternative, die mit den Jahren zu einem Sichtschutz heranwächst. Sie können kastenförmig oder zu Kugeln geschnitten werden; rasterförmig angeordnet sind sie besonders wirkungsvoll. Niedrige wuchernde Bambusarten füllen vorgegebene Flächen dicht aus und können als Sichtschutz dienen. Der Zwergbambus *Pleioblastus variegatus* mit seinem weiß gestreiften Laub und der Silberrandzwergbambus *(Sasa veitchii)* sind zwei ausgezeichnete Kandidaten für diese Verwendung.

Eine Alternative zur minimalistischen Bepflanzung ist der Tropen-Look, der einen ausgezeichneten Kontrast zur kühlen Geradlinigkeit moderner Architektur bildet; exotische Blüten, spitze Blätter und hohe, kahle Stämme verbinden sich zu einem spannungsgeladenen visuellen Erlebnis. Palmen, Agaven, Yuccas, Neuseeländer Flachs *(Phormium)* sowie Keulenlilien *(Cordyline)* verfügen über genügend architektonisches Gewicht, um den strengen Hintergrund aus kahlen Mauern und Böden aufzuwiegen; am besten verwendet man sie zu kühnen Gruppen arrangiert, als erhebendes Bühnenbild aus Gestalt und Form. Im Sonnenlicht werfen sie tanzende Schatten; sorgfältig platzierte Strahler machen sie bei Nacht noch wirkungsvoller, wenn die bizarren Schattenmuster ihrer Silhouetten auf Wand und Boden fallen.

gegenüber oben *Der Aronkelch thront majestätisch in einer Lücke in der hellen Zwischenwand.*
gegenüber unten *Architektonische Yuccas und japanische Palmfarne ergänzen sich zu einem theatralischen Arrangement.*
oben *Senkrecht aufragende Stämme nehmen die Form der rustikalen Pergola auf; die Gestaltung mit schmalblättrigen Trockenklima-Pflanzen steht in spannungsreichem Kontrast zu den hellen, glatten Mauern im Hintergrund.*
links *Eine stachelbewehrte Agave reckt sich auf dieser Dachterrasse in den Himmel.*

Fallstudie:

Eleganz am Strand

Unübertrefflich in seiner Eleganz ist dieser überwältigende Terrassengarten am Strand. Den unvergleichlich schönen Meeresblick ergänzen eine einfühlsame Randbepflanzung sowie das Design mit Kieseln, Pools und bequemen Liegestühlen.

Das Schwimmbecken mit Unterwasserbeleuchtung entspringt quasi unter dem Haus und zieht sich hin bis zu einem Kieselstrand, bestückt mit geysirartig blubbernden Quellen, der von großen Findlingen und tropischen Bäumen gesäumt wird. Mehrere Niveauübergänge wurden dem zur See hin abfallenden Grundstück abgewonnen. In kleinen Kaskaden strömt das Wasser über diese hinab, um sich in einer steinigen Mulde unterhalb der abgesenkten Bar zu sammeln. Die Bar bedient von ihrem Tresen aus auch den auf einer Höhe mit dem Pool gelegenen Whirlpool.

Das klare, durchdachte Design, das in edlen Materialien und mit exquisiter Präzision ausgeführt wurde, bildet den kühl-zurückhaltenden Hintergrund für eine ausgesuchte Bepflanzung mit spannungsreichen, schwertblättrigen Gewächsen. Die Trennlinie zwischen Garten und Küste verläuft fast unsichtbar, und doch werden die Intimität und der eigenständige Charakter des Gartens bewahrt.

Große Aufmerksamkeit wurde den kleinen Details gewidmet. Die eleganten, schwarz-weiß gestreiften Barhocker passen zu den bequemen Liegestühlen auf der höher gelegenen Terrasse, und die Architektur des Hauses verschmilzt mühelos mit der Farbe und den Materialien der Terrassengestaltung. Im oberen Stockwerk springt ein Balkon wie ein das Meer durchpflügender Schiffsbug hervor; von hier bietet sich ein Panoramablick über den Garten und die weitere Umgebung.

oben *Von den schwarz-weiß gestreiften Liegestühlen aus lassen sich Garten und Küstenlandschaft in Muße betrachten.*
oben links *Zwischen Kieseln und Findlingen verteilte schäumende Wassersprudler sind ein Echo der Brandung, die weiter unten an den Strand rollt.*
links *Eine elegant geschwungene Bar mit passender Bestuhlung macht die Meeresterrasse zum perfekten Empfangssaal.*
gegenüber *Der elegante spiegelglatte Pool erstreckt sich unter dem Balkon bis ans Fenster – ein nahtloser Übergang zwischen Haus und Garten.*

Der Gartenplan:

Bau einer Kiesfontäne

Mit einer Kiesfontäne lässt sich hervorragend das Geräusch sprudelnden Wassers in den Garten holen, ohne dass ein ganzer Brunnen oder Bachlauf nötig wäre. In dieser Anlage finden sich mehrere solcher Fontänen.

oben *Inmitten der Kiesel sprühen Fontänen empor; sie erinnern an das Rauschen der Wogen am fernen Strand.*

1. Wählen Sie eine ebene Stelle und legen Sie hier eine Fläche von 1,50 m Durchmesser frei. Heben Sie ein Loch aus, das in Durchmesser und Tiefe etwas größer ist als der Plastikbehälter, der als Reservoir dienen soll, und geben Sie eine dünne Sandschicht hinein.
2. Setzen Sie den Behälter hinein und stellen Sie sicher, dass sich der Rand auf einer Höhe mit dem Erdreich befindet. Nehmen Sie gegebenenfalls den Behälter wieder heraus und gleichen Sie mit Sand aus.
3. Füllen Sie den Zwischenraum um den Behälter mit Erde auf; verdichten Sie diese mit einem Kantholz. Heben Sie den Boden rund um den Behälter tellerförmig aus und harken Sie sämtliche Steine aus. Säubern Sie den Behälter gründlich von hineingefallener Erde.
4. Setzen Sie die Pumpe auf zwei Backsteine in den Behälter; auf diese Weise wird sie nicht durch eventuelle Verunreinigungen verstopft. Der Fontänenaufsatz sollte 5–8 cm über den Behälterseiten enden. Füllen Sie den Behälter mit Wasser.
5. Decken Sie den Bereich mit einer runden Plastikplane von etwa 1,50 m Durchmesser ab; schneiden Sie für den Fontänenaufsatz ein nicht zu enges Loch, so dass das Wasser in den Behälter zurücklaufen kann. Streifen Sie die Folie über den Fontänenaufsatz.
6. Decken Sie das Wasserreservoir mit einem Stück kräftigen, weitmaschigen Drahtgeflechts ab; legen Sie darauf ein engmaschigeres Stück Drahtgeflecht. Achten Sie sorgfältig darauf, dass der Fontänenaufsatz hindurchschaut.
7. Arrangieren Sie darauf größere und kleinere Kiesel; überprüfen Sie, ob die Höhe des Fontänenaufsatzes so hinkommt wie gewünscht. Verteilen Sie weitere Kiesel so, dass die Plastikplane und das Drahtgeflecht komplett verdeckt sind. Sämtliche Anschlüsse müssen wasserdicht sein und den üblichen Sicherheitsvorschriften genügen.

Carex flagellifera

Pflanzen

1. *Carex flagellifera*
2. *Selliera radicans*
3. *Festuca novae-zelandiae*
4. *Dracaena draco* (Drachenbaum)
5. *Strelitzia juncea* (Paradiesvogelblume)

oben *Die glatten weißen Mauern sind der perfekte Hintergrund für die schlichte Bepflanzung.*

KIESFONTÄNE: QUERSCHNITT

links *Überall in diesem Küstengarten finden sich Kiesfontänen, die lebhaft zwischen den Steinen emporblubbern.*

Ein sichtgeschützter Garten wird mehr denn jeder andere Gartenbereich als Wohnzimmer im Freien genutzt. Bemühen Sie sich daher um ein Design, das mit dem Ihres Hauses korrespondiert. Die Mühe, die Sie in die Wahl der Materialien sowie in deren Verarbeitung investieren, wird sich doppelt und dreifach bezahlt machen, wenn der Garten im Laufe seines natürlichen Alterungsprozesses zu einer wunderbaren Reife gelangt. Diese Galerie mit zahlreichen umgesetzten Beispielen geht in größerem Detail auf verschiedene Aspekte der Ausstattung ein; sie gibt Ihnen die nötigen Informationen an die Hand, sodass Sie aufgrund fundierter Entscheidungen Ihrem Gartenentwurf den Stempel höchstmöglicher Individualität aufdrücken können.

Blickpunkt Praxis

Wand und Boden

oben *Zwanglose Materialien wie diese vom Wasser glatt geschliffenen Kiesel bieten sich für eine bildhafte Gestaltung an. Hier brandet die See in Gestalt von grau-weißen „Wogen" an einen goldenen Strand.*
gegenüber *Fließende Bänder erdfarbener Steinchen unterstreichen die Konturen dieses schmalen, abschüssigen Grundstücks und lassen aus gebrannten Farben eine heitere Landschaft erstehen – ein fantastisches Beispiel für einfühlsame Gestaltung.*
vorhergehende Seite *Das glatte, neutrale Pflaster stellt in diesem ländlichen Garten die perfekte Bühne für eine Sammlung üppig bepflanzter Container dar.*

Hochwertiges Material und sorgfältige Verarbeitung sind unerlässlich, wenn Aussehen und Nutzbarkeit des Wohngartens trotz der Auswirkungen von Sonne, Regen und wechselnden Temperaturen über lange Jahre erhalten bleiben sollen. Das Design steht und fällt mit dem gewählten Material; es ist daher wichtig, eine Wahl zu treffen, die im Einklang mit der Umgebung steht und eine nahtlose Verbindung mit den Gebäuden und sonstigen Gartenbauten eingeht.
Der Boden wird besonders stark beansprucht, denn er hat den Fußverkehr, das Gewicht von Pflanzgefäßen und Möbeln und gegebenenfalls spielende Kinder und ihr Spielzeug auszuhalten. Frost und Baumwurzeln sind weitere Faktoren, die es bei der Wahl des Bodenmaterials zu berücksichtigen gilt. Vor dem Anlegen von Wegen und Terrassen sind daher gründliche Vorarbeiten nötig; dazu zählt ein stabiler Unterbau, denn wenn dieser nicht ausreicht oder schlecht verdichtet ist, kann der Belag sich setzen, was Unebenheiten oder sogar Risse zur Folge hat.

In den vielen für den Boden zur Wahl stehenden Materialien kommt die ganze Ausdrucksvielfalt an Texturen zum Zuge, wobei sowohl Aussehen als auch Funktion eine wichtige Rolle spielen. Die Möglichkeiten reichen von sauber gesägtem Sandstein über Ziegel und raues Granitpflaster bis hin zu glatten Strandkieseln. Im Allgemeinen wirken große Flächen polierten Marmors und Granits rund um den Garten deplatziert; man beschränkt sich hier am besten auf dekorative Einleger. Kacheln und Ziegel gibt es in einer Unzahl von Farben und Härten; die Wahl reicht von weichen Terrakotta-Fliesen für die mediterrane Gestaltung bis hin zu hart gebrannten, schwarzen Klinkern, die sich ausgezeichnet zur Umsetzung moderner Entwürfe eignen.

Wand und Boden: Eine Ideengalerie

▼ **Keramikfliesen** gibt es in einer riesigen Auswahl an Farben, Formen und Größen und mit unterschiedlichen Oberflächen. Mit ihnen lassen sich komplizierte Muster und Entwürfe umsetzen. Für außen gibt es strapazierfähige, speziell für diesen Bereich gefertigte Ware; die Verlegung muss frostfest erfolgen.

▲ **Zuschlagmaterial** aus Stein-, Glas-, Metall- oder Muschelfragmenten ist in einer Vielzahl von Texturen und Farben erhältlich und wird als dekorativer Mulch oder zur Oberflächenveredelung vor allem in selten begangenen Bereichen eingesetzt. Als schützende Abdeckung von Pflanzgefäßen schützt er diese vor Austrocknung.

▲ **Ziegel** gibt es in vielen Farben und Texturen; sie lassen sich zu interessanten geometrischen Mustern einschließlich Fischgrät- und Flechtverbund verlegen. Hart gebrannte Klinker sind für Pflasterarbeiten am besten geeignet; als Akzent und für weniger benutzte Wege in rustikaler Umgebung passen auch wiederverwertete Ziegel.

▼ **Schieferbruch** ist ein attraktives, wenn auch brüchiges Material, das wenig begangenen Bereichen vorbehalten bleiben sollte. Sein Knirschen allerdings ist ein ausgesprochen angenehmes Geräusch. Das Material ist ideal für eine Gartenanlage mit trockenem Flussbett und für Bodenflächen im fernöstlichen Stil.

▲ **Granitpflaster** ist perfekt für dauerhafte, rutschsichere Wege. Klein und vielseitig zu verlegen, ist es auch praktisch für Kanten und auflockernde Details. Besonders zu geschwungenen Beeten passt die Verlegung in Bögen und Kreisen. Das Material ist sowohl für formale als auch für ländliche Gartengestaltung geeignet.

▲ **Yorksteinplatten** zählen aufgrund ihrer weichen Farbe und Textur zu den beliebtesten Bodenmaterialien, obgleich sie teuer sind. Die glatt gesägte Bearbeitung macht sie elegant und praktisch; sie passen zu klassischem wie zu modernem Design. Das Material ist auch mit handwerklich bearbeiteter Fläche erhältlich.

▼ **Kachelmosaik** rückt Terrassen, Wege oder den Grund eines formalen Wasserbeckens ins Blickfeld. Bruchstücke von Keramik-, Glas- oder Marmorfliesen mit ihren vielfältigen Farben und Texturen sind leicht zu attraktiven, ausgefallenen Mustern gelegt; der Fantasie sind dabei keine Grenzen gesetzt.

▲ **Holzschwellen** sowie alte Balken sind haltbar und im ländlich wirkenden Garten gut einzusetzen. Mit Kies sind sie schnell zu einem rustikalen Pfad verlegt, und auch Treppen sind einfach daraus zusammengebaut. Aus Holzschwellen lassen sich des Weiteren stabile Hochbeete bauen, die ideal für den Gemüseanbau sind.

▲ **Holzdecks** werden immer beliebter; sie sind ideal zur Überbrückung von Höhenunterschieden und für höher gesetzte Wege. In regnerischem Klima werden sie rutschig; aus Sicherheitsgründen ist es ratsam, Algenbeläge regelmäßig abzuschrubben und für Treppenstufen eher Maschendraht zu verwenden.

▼ **Kieselmosaik** wirkt durch seine Farben, seine Textur und seine Gestaltung. Es ist vor allem als Blickfang auf Wegen beliebt. Die zwanglose Zufallsform der Kiesel macht sie sehr gut geeignet für fließende, kreisförmige Muster. In Verbindung mit Wasser ist seine Wirkung besonders schön.

▲ **Kies** ist ein vielseitiges, fein texturiertes Material und besonders geeignet für schwierige Ecken und komplexe Gestaltung wie bei diesem Übergang von Pflaster zu Holz. Sein relativ niedriger Preis macht ihn zu einer günstigen Alternative für große Hofflächen. Er ist in unterschiedlichen Größen und Farben im Handel.

▲ **Schieferplatten** aus Afrika werden für dynamische, moderne Entwürfe immer beliebter. Dieses ist ein lebendiges Material mit intensiver Färbung und dichter Textur. In Verbindung mit subtilen, dunklen Details kann es sogar recht zwanglos wirken. Schiefer hat beim Begehen einen vollen Klang.

Sichtschutz

oben links *Dieser aufgedoppelte Sichtschutz besteht aus einem blickdichten dreieckigen Teil und einem rautenförmigen Bambusgitter darunter, das einen Ausblick zulässt.*

oben rechts *Für erfolgreiches minimales Design ist ein neutraler Hintergrund oft unerlässlich. Ein dunkelgrauer Anstrich reduziert das optische Gewicht dieser Metalleinfriedung, die dadurch in den Hintergrund rückt.*

gegenüber *Eine Einfriedung darf den Garten auf keinen Fall erdrücken. Diese dichte Hecke ist so niedrig gehalten, dass das gegenüber liegende Gebäude Licht in den Garten reflektieren kann.*

Die Umfriedung eines Gartens ist häufig die einzige Garantie für Sichtschutz; auch ist ihre Rolle als Szenenhintergrund nicht zu unterschätzen. Privatsphäre ist wichtig, vor allem inmitten der Stadt, und doch sollten Mauern nicht so hoch gezogen werden, dass der Garten in Schatten versinkt oder wie ein Gefängnis wirkt. Wie bei anderer Gartenarchitektur sollten auch hier die Materialien zu ihrer Umgebung passen, wobei in Bezug auf Holzspaliere und Sichtschutzwände etwas mehr Spielraum herrscht.

Alte, urwüchsige Mauern sind ein wirklicher Bonus. Ziegel und Stein wirken von selbst wunderbar, doch verputzt und gestrichen haben auch einfache Hohlblockmauern eine elegante Wirkung. Ortbetonwände sind wirkungsvoller Bestandteil modernen Designs; geschwungene und ausgefallene Formen sind möglich, und beigemischte Farbpigmente oder ein besonderer Zuschlag resultieren in unverwechselbaren Oberflächen.

Gitterwerk kann als Dekoration oder als Rankhilfe für Kletterpflanzen direkt an Mauern angebracht werden. Besonders hübsch wirkt es, wenn es mit grünen oder blühenden Kletterpflanzen berankt ist. Häufig ist es wünschenswert, einen Garten vollständig mit Grün zu umhüllen, und obgleich dabei sofort üppige Kletterpflanzen und Mauersträucher in den Sinn kommen, ist für formales Design eine geschnittene immergrüne Hecke passender.

Ein Zaun kann für einen neuen Garten die einfachste Lösung bieten; er ist nicht allzu teuer und leicht aufgestellt. Streben Sie formales Design an, so streichen Sie den Zaun in einer unaufdringlichen Farbe, etwa blassem Graugrün, und verkleiden Sie ihn mit Rankgittern. Eng oder überlappend bestückte Sichtschutzelemente sind absolut blickdicht; mehr Durchblick lässt ein Design mit auf Lücke gesetzten Latten zu. Im ländlich dekorierten Garten wirken zwanglose Flechtzäune und Schilfrohrmatten am schönsten. Metall ist von raffinierter Eleganz; Wellblech wirkt scharflinig und urban, während Edelstahl sich für eine minimalistische Gestaltung anbietet.

Sichtschutz: Eine Ideengalerie

▼ **Schilfrohrmatten** ergeben ausgezeichnete Zaunfelder, die für eleganten und dennoch zwanglosen Sichtschutz sorgen. Das leichte, unaufdringlich wirkende Material passt zum mediterranen wie zum asiatischen Ambiente. Auch für den ländlichen Gartenstil ist das Naturmaterial geeignet, beispielsweise als Küchengarten-Umrandung.

▲ **Ziegelmauern** sind von einer Dauerhaftigkeit, die dem Garten eine besondere Reife verleiht. Sie sind ein hervorragender Wärmespeicher und eignen sich dadurch besonders als Hintergrund für empfindliche Kletterpflanzen und Spalierobst wie Pfirsiche und Nektarinen, die sich an waagerecht gespannten Drähten ziehen lassen.

▲ **Wellblech** ist in unterschiedlichen Profilen im Handel. Obgleich eindeutig ein Industriematerial, wirkt das raffiniert kleinformatige Profil der hier gezeigten Variante elegant und edel, ein optischer Nachklang der Blattadern im Vordergrund. Passend wäre es als Umfriedung oder Sichtschutz für einen modernen Entwurf.

▼ **„Fensterrahmen“** lockern eine geschlossene Wand mit einer gezielten Unterbrechung auf; hier zeigt sich ein Ausschnitt des dahinter gelegenen Gartenraums. Traditionell sind runde und ovale Formen; das Rechteck ist leichter hergestellt und setzt der weichen Gräserpflanzung einen kantigen Kontrapunkt entgegen.

▲ **Gitterwerk** in Verbindung mit einem geschlossenen Hintergrund, etwa einem farbigen Holzzaun, schafft einen dekorativen Grundstücksabschluss, der die Privatsphäre wirkungsvoll abschirmt. Hier sind glänzende Stahlstreifen zu einem optisch leichten Rautenmuster verwoben; diese spiegelnde Variante setzt sich unübersehbar von dem dunkelgrünen Hintergrund ab.

▲ **Flechtzäune** werden von Hand aus Weiden- oder Haselruten gefertigt. Ihre Zwanglosigkeit verbindet sich ausgezeichnet mit zarten Sommerblumen, blühenden Stauden und Gemüsepflanzen. Flechtzäune sind ideal für einen Garten im ländlichen Stil oder aber zur Abgrenzung eines Gemüsegartens von einer größeren Gartenanlage.

▼ **Lattenblenden** aus dünnen, schmalen Holzleisten eignen sich für Unterteilungen oder um bestimmte Gartenbereiche dahinter verschwinden zu lassen. Ähnlich wie mit Gitterwerk lässt sich damit auch eine verputzte Mauer erhöhen. Eine Lattenblende schafft eine gewisse Privatsphäre, ohne dabei einengend zu wirken.

▲ **Schmiedeeisen** erweckt den Eindruck von Eleganz und Pracht; es passt besonders gut zum Stadtgarten und zum klassischen Baustil. Es ist sowohl als aufwändiges Gitterwerk wie auch als handgearbeiteter niedriger Zaun erhältlich. Weniger hart wirkt es, wenn es mit Kletterpflanzen wie Clematis berankt ist.

▲ **Holzwände** bieten eine leichtgewichtige, kostengünstige und schnell errichtete Möglichkeit, einen unerwünschten Ausblick zu überspielen und Grenzen zu ziehen. Dieser passgenau gefertigte Sichtschutzzaun besteht aus vertikal montierten Hölzern. Horizontale Bretter oben und unten bilden einen eleganten Abschluss.

▼ **Verputz** versieht eine Werksteinmauer mit einem sauberen, glatten Abschluss. Praktisch wartungsfrei wird er, werden ihm anstelle eines späteren Anstrichs gleich Pigmente beigemischt. Der unaufdringliche helle Farbton schafft einen makellosen Hintergrund, der die prägnanten Formen der architektonischen Bepflanzung gut zur Geltung bringt.

▲ **Lattenwerk** können Sie selbst aus Holzleisten zusammennageln. Die robuste Präsenz dieses geradlinigen Formats steht im Kontrast zu der transparenten Konstruktion. Fertige Felder sind in verschiedenen Größen und Stilarten im Handel. Im Boden verankertes Lattenwerk ist das ideale Rankgerüst für Rosen, Clematis und Geißblatt.

▲ **Hecken** aus Immergrünen wie dieser geschorenen Scheinzypresse bilden einen raschwüchsigen Sichtschutz, der das ganze Jahr frisch grün bleibt. Solche Hecken sind weicher und organischer als Mauern und Zäune. Obgleich sie auch für den kleinen Garten schön sind, ist zu bedenken, dass sie viel Platz benötigen und den Boden auslaugen.

Dekorative Bauten

Dreidimensionalität und spannende Gestaltungselemente können auf vielfältige Weise in den Garten eingebracht werden. Niveauwechsel lassen sich selbst auf engstem Raum ein- oder ausbauen. So gewinnt eine ebene Fläche durch eine erhöhte Aussichtsterrasse Abwechslung, und hinter Stützmauern entstehen Hochbeete.

Selbst ein aussichtslos winzig scheinendes Stadtgärtchen mit störender Treppe und einem Eingang zum Souterrain lässt sich mit ein wenig Umdenken attraktiv verwandeln. Gerade heute werden in vielen Häusern wieder Wohnräume im Untergeschoss eingerichtet; diese brauchen nicht zwingend nur durch einen Lichtschacht mit Tageslicht versorgt zu werden. Wird die Gartenanlage gezielt mehrstufig geplant, kann eine schöne Terrassierung mit eingebundenen Treppenstufen entstehen. Ideenreich eingesetzte Böschungsmauern lassen Hochbeete zu einem Sichtschutz für einen kleinen Sitzplatz werden, und eine hoch gelegene Terrasse wird durch ein abgesenktes formales Wasserbecken transformiert. Den gegenteiligen Effekt erzielt ein erhöhtes Wasserbassin mit Fontäne und Sitzkante – ein starker Blickfang in einer ebenen Fläche. Eine natürliche Hanglage hingegen verlangt vielleicht nach einer zwanglosen Gestaltung mit einem Pfad und mit in die Böschung gesetzten hölzernen Trittstufen.

Dreidimensionale Objekte sind leicht installiert und bringen interessante Höhe in einen ebenen Bereich. Die einfachste Konstruktion, der vielseitige Obelisk, ist als Solist ein unübersehbarer Blickfang; zu einem oder mehreren Paaren aufgestellt, versieht er ein formales Design im Nu mit Eleganz. Eine am Haus angebrachte Pergola verwandelt eine Terrasse in einen schattigen Speisesaal, den rankender Echter Wein noch üppiger schmückt. Eine hübsche, mit Jasmin berankte Laube lockt in einem ländlichen Garten zur Rast; raschelnder hoher Bambus macht aus ihr eine heimliche Sitzecke. Diese Bauten müssen sämtlich so stabil und fest konstruiert sein, dass sie das schwere Gewicht verholzender Kletterpflanzen und starke Windlasten aushalten.

oben links *Auch ein Gemüsegarten darf ausgefallen wirken. Bunte Stahlstreifen rahmen dieses Hochbeet mit gewichtigem Flechtwerk.*

oben rechts *Mit Containern lassen sich formale Pflanzungen vielfältig abwandeln. Ein Trog mit Formsträuchern zieht sich hier wie ein Aquädukt oder Kanal über ein Flussbett aus Schieferbruch.*

gegenüber *Ein Durchlass sollte seine Geheimnisse nach und nach preisgeben und den Besucher zur Erkundung verlocken. In dieser perfekt gearbeiteten Doppelwand aus Weidengeflecht zeigt sich eine Öffnung in Form eines Weidenblattes, durch die ein Blick auf den glänzenden Sichtschutz im Hintergrund zu erhaschen ist.*

Dekorative Bauten: Eine Ideengalerie

▼ **Eine Laubenbank** zählt zu den einfachsten Mitteln, auch den kleinsten Garten mit architektonischem Detail zu versehen. Die Laube besteht hier aus Rankgerüsten, die passend zu der Bank farbig lasiert wurden. Die entsprechenden Gitterpaneele gibt es fertig in unterschiedlichen Formen und Größen zu kaufen.

▲ **Hochbeete** können überall angelegt werden, solange sie ein vernünftiges Fundament erhalten. Mit Armiereisen oder Baustahlmatten verstärkte Betonmauern werden vor Ort in Holzverschalungen gegossen. Unser Beispiel ist in leuchtendem Mittelmeerblau gestrichen und mit hellen, polierten Granitplatten abgedeckt.

▲ **Holzstufen** aus massivem Hartholz zählen zu den einfachsten Mitteln zur Überwindung von Höhenunterschieden. In informellen oder rustikalen Gärten ergänzt ihr natürliches Aussehen das ländliche Ambiente. In ausgefallenen modernen Entwürfen finden sich jedoch auch Kombinationen von Stein und Beton.

▼ **Obelisken** setzen Ausrufungszeichen in die Rabatte, die sogleich alle Aufmerksamkeit auf sich ziehen. Eleganter als ein Reisigzelt und lange haltbar ist der Metallobelisk, eine durchsichtige Konstruktion, die als optisches Leichtgewicht dastehen oder als eleganter Rahmen für Clematis oder Duftwicken dienen kann.

▲ **Eine Holzpergola** ist nur dann stabil und attraktiv, wenn sie aus starken Hölzern konstruiert ist. Die schweren Lasten von Wind und Pflanzen machen feste Verbindungen und einzementierte Pfosten nötig. Unbehandelt haltbares Hartholz ist ideal; für Weichholz sind Lasuren einem regelmäßig aufzufrischenden Anstrich vorzuziehen.

▲ **Eine Pergola** aus Steinsäulen und Holz ist effektvolle Architektur für den großen formalen Garten. Die hohen klassischen Säulen sind ohne Blattschmuck wunderschön; aber für eine rankende Glyzine, deren schwere Blütentrauben zwischen den horizontalen Balken herabschaukeln, wäre die Konstruktion eine perfekte Inszenierung.

▼ **Mosaikverzierte Stufen** unterstreichen ein maurisches Ambiente oder bringen Exotik in modernes Design. Ihre unübersehbare Wirkung macht Zurückhaltung ratsam; eine vorsichtige Kombination mit ähnlich verzierten Elementen – dem Pool-Boden, einem Blickfang im Pflaster, einer Tischplatte oder einem Pflanzkübel – bietet sich an.

▲ **Attraktive Stoffbahnen** fungieren einen Sommer lang als vergängliche Skulptur. Der Entwurf wird entweder mit Nadel und Faden oder Spezialkleber appliziert oder mit Stofffarben aufgemalt. Stoffschirme schenken einem Sitzplatz Sicht- und Sonnenschutz oder markieren einen Weg oder Eingang für eine Party oder einen Empfang.

▲ **Das formale Becken** bringt ein Gefühl von Ruhe und Frieden in den Garten. Wird das Becken in den Boden versenkt, so gehen seine Linien eine ruhige Einheit mit der Gartenanlage ein; wird es hoch gebaut, so kann die Abdeckung der Umrandung als Sitzgelegenheit dienen.

▼ **Ein winziger Pavillon** ist ein interessanter Blickfang. Hier findet sich ein geschützter Ort für besondere Topfpflanzen oder für eine Ruhebank. Ein schmückendes Zeltdach verleiht diesem Pavillon Persönlichkeit und Präsenz; es steht im Kontrast zu der durchsichtigen Wandkonstruktion aus Rankgittern.

▲ **Plexiglas** ist ausgezeichnet als Windschutz oder als Abtrennung zum Schwimmbecken zu verwenden. Das leichte, bruchsichere Material (bei Kleinkindern eine Überlegung wert) lässt sich problemlos verschrauben. Durchscheinende farbige Ausführungen sind erhältlich; dieses mit lattapplikationen verzierte Beispiel lässt den Blick frei.

▲ **Eine Sommerlaube** aus Holz ist ein feudales Versteck, das sich auch als Studio, Bastelwerkstatt oder Gartenschuppen benützen lässt – ein ungestörter Ort für Arbeit oder Entspannung. In dieser offenen Variante lockt eine elegante Holzbank mit einem luftigen, vor Sonne und Regen geschützten Aussichtsplatz über den Garten.

Dekorative Details

Viele Flächen und Objekte im Garten kann man mit unterschiedlichsten schönen Oberflächen versehen, von einem Anstrich oder einer Lasur bis hin zu einem Mosaik, einer Gravur oder einer verwitterten Patina. Egal was Sie vorhaben, bereiten Sie die Oberfläche unbedingt gut vor und beachten Sie grundsätzlich die Anweisungen der Hersteller.

Mauern stellen im Garten wohl die größte derartige Fläche dar. Man kann sie mit glatter oder texturierter Wandfarbe streichen, wobei die Auswahl an fertig abgetönten Produkten zwar nicht allzu groß ist, Sonderwünsche jedoch vielfach erfüllt werden können. Für eine kleine Fläche oder lediglich ein paar dekorative Details können Sie selbst weiße Farbe mit Künstlerfarben abtönen.

Gartentore und Möbel bestehen meist aus glatt gehobeltem Holz, das Sie vorstreichen und lackieren oder aber mit einem für den Außenbereich vorgesehenen Produkt beizen oder lasieren können. Gartenbauten wie Schuppen, Sommerlauben, Pavillons und Pergolen sind normalerweise mit Holzschutzmittel behandelt; auch diese kann man in schönen Farben lackieren. Dafür wird die Oberfläche vorbereitet und mit einer Grundierung für den Außenbereich versehen; darauf folgen ein Grundanstrich und dann der Außenlack. Lassen Sie die einzelnen Schichten unbedingt gründlich trocknen. Bei Beizen und Lasuren bleibt die Holzmaserung sichtbar; sie werden normalerweise direkt auf das saubere, trockene Holz aufgetragen.

Zäune und Rankgitter werden meistens aus sägerauem, im Allgemeinen braun imprägnierten Holz gefertigt. Attraktiver sind sie mit einem Anstrich mit einer der neuen Außenfarben für Holz, die rasch und problemlos aufgetragen sind, oder mit einer schützenden Lasur, die es in vielen ausgezeichneten Farben gibt.

Bei Toren und Geländern aus Metall ist ebenfalls eine Lackierung möglich. Als Vorbereitung wird bereits lackiertes Metall mit Rostschutzfarbe vorgestrichen, neues oder blankes Metall mit einer Metallgrundierung. Es ist zu empfehlen, losen Rost vorher gründlich mit einer Drahtbürste zu entfernen.

oben *Tropische Fische in allen Ozeanfarben schwimmen über diese Terrassenwand und unterstreichen die Strandthematik.*

gegenüber *Rot und blau gestrichene Betonflächen verbinden sich zu einem exotischen Bild, das von der Bepflanzung bestätigt wird. Das rechteckige Format jedoch, noch unterstützt durch die vertikalen Latten des rot lasierten Tores, fängt den Blick ein und gibt einen ruhigen Gesamteindruck.*

Dekorative Details: Eine Ideengalerie

▼ **Lackiertes Metall** muss verzinkt sein, damit es nicht trotzdem rostet; spezieller Außenlack wird dann mit dem Pinsel oder – tropffrei – aus der Sprühdose aufgetragen. Eine professionelle Pulverbeschichtung hat einen schönen Glanz, ist jedoch nur bei größeren Objekten wie Toren oder Geländern wirtschaftlich.

▲ **Farbige Anstriche** eignen sich für Holzobjekte wie etwa Möbel. Lack auf Ölbasis ist die übliche Wahl, obgleich er einen regelmäßigen Neuanstrich erfordert. Die neuen Außenfarben auf Wasserbasis sind meist matt. Farbbeizen auf Ölbasis gibt es in verschiedenen Farben; sie müssen nach der Erstanwendung nicht aufgefrischt werden.

▲ **Ein Wandanstrich** kann direkt auf Ziegel, Werksteine und Putz aufgetragen werden; die begrenzte Zahl der Grundfarben lässt sich mit bunten Abtönfarben fröhlich erweitern. Für kleine, besondere Details kann Ölfarbe für den Außenbereich auf einer Grundierung verwendet werden, was umständliches Anmischen erspart.

▼ **Grobputz** aus Zement und Beimischungen verwandelt eine Mauer, die aus preiswertem Kalksand- oder Hohlbetonstein errichtet wurde, in ein rustikales Schmuckstück. Dem Verputz kann man entweder Farbpigmente beimischen, oder man versieht ihn später mit einem Anstrich.

▲ **Gravuren** machen den Stein interessant, wie diese mit einer Ziffernfolge dekorierte Tafel aus Walliser Schiefer zeigt. Auch andere harte Steine wie Granit lassen sich mit Hammer und Meißel bearbeiten; Sockelplatten und Stufen erhalten so gearbeitete Kanten, Tischplatten und Trittsteine dekorative Motive. (John Das Gupta, „Hermetic Numerals")

▲ **Abblätternde Farbe** ist bei dieser Terrakotta-Amphore eine Folge jahrelanger Verwitterung. Eine ähnliche altehrwürdige Aura erzielen verschiedenfarbige Aufträge von Tünche, Öl- oder Acrylfarbe für den Innenbereich auf der instabilen Oberfläche von unbehandeltem Holz oder unglasierten Keramikkacheln oder -töpfen.

▼ **Metallpatina** auf Zink oder Eisen wirkt weich und verschmilzt gut mit Pflanzen und der freien Natur. Obelisken und Pergolen fügen sich gut in eine ländliche Gestaltung ein; Pflanzkübel passen zum modernen Ambiente. Diese in der Distanz entschwindende zeitgenössische Metallskulptur wirkt leicht und luftig.

▲ **Ein Wandmosaik** bringt Leben an eine Mauer im Eingangsbereich oder in eine schattige Ecke. Glas- und Keramikfliesen lassen sich zu kunterbunten Entwürfen kombinieren. Man kann fertige Fliesenstücke kaufen oder bunte Tellerscherben zu fantasievollen Mustern zusammensetzen, die man mit Glassteinen oder Perlen akzentuiert.

▲ **Ein Mosaiktisch** verzaubert jeden Sitzplatz. Dieser subtile, feminine Entwurf ist mit geschnittenen Glasmosaikfliesen in einer Reihe gedämpfter Farben belegt; besonders die hellen Blau- und Grüntöne schimmern schön im Licht. Massiver wirken Keramikfliesen, vor allem wenn der Fugenmörtel passend abgetönt ist.

▼ **Plexiglas** gibt es in durchsichtigen, durchscheinenden oder undurchsichtigen Varianten, ideal für Sichtschutzwände und als Fensterfüllung. Die vielen erhältlichen Farben setzen Akzente in modernem Design. Hier wurde es mit ausgeschnittenen Papierblumen naiv dekoriert.

▲ **Kupferspan** entsteht unter dem Einfluss von Luft und Feuchtigkeit. Das attraktive blau-grüne Oxyd bildet sich auf altem kupfernem Kochgeschirr, das als Kübel zweckentfremdet wird, und ebenso auf zwanglosen, aus Kupferrohr vom Installationsbedarfshandel gefertigten Skulpturen und mit Kupferblech verkleideten Pflanzkästen und Tischplatten.

▲ **Farbige Holzdecks** sind eine edle Alternative zu dem üblichen Naturbraun; das Design wirkt so schicker und architektonischer. Holzschutzlasuren sind am haltbarsten und machen am wenigsten Arbeit. Die gleichmäßige Farbe dieser Holzbühne allerdings beruht auf einem dreifachen dunkelblauen Anstrich.

Pflanzen sind die Daseinsberechtigung des Gartens. Sie können das Design bestimmen, schaffen Atmosphäre und geben jeder Jahreszeit ein neues Gesicht. Dieses Verzeichnis erhebt nicht den Anspruch der Vollständigkeit; es soll Ihnen vielmehr dabei behilflich sein, solche Pflanzen auszuwählen, die am besten Ihrem Gartenstil entsprechen. Im Vordergrund stehen solche Gesichtspunkte, die für den kleineren Garten besonders interessant sind, mit vielen Pflanzenbeispielen für architektonische Struktur und für Topfkultur, für die Wandbegrünung sowie für Farbe und Textur rund ums Jahr. Die vorgestellten Pflanzen zeichnen sich durch ihren schönen Habitus aus und durch ihre Fähigkeit, auf engem Raum optimal zu gedeihen.

Blickpunkt Pflanze

Architektonische Pflanzen und Solitäre

Gutes Design mit Pflanzen beruht auf einer festen Rahmengebung. Jede Pflanzung, ob formal oder organisch gruppiert, erhält durch Bäume, Sträucher und Blattschmuckstauden Struktur. Gestalt und Habitus, Blattformen und Texturen sind vielfältig; nehmen Sie sich die nötige Zeit, um das von Ihnen angestrebte Bild zusammenzustellen.

Cercis canadensis 'Forest Pansy'

Kanadischer Judasbaum

Sommergrüner Baum, der hauptsächlich seiner herzförmigen, bei dieser Selektion pflaumenroten Blätter wegen gezogen wird, mit den Jahren aber auch eine schöne Gestalt entwickelt. Im Herbst färbt sich das Laub intensiv gelb.
Höhe und Breite: bis 10 m.
Winterhart.
Nahrhaften, durchlässigen Boden; Sonne bis lichten Schatten. Neu gepflanzte Bäume sollten die ersten drei Jahre angebunden werden.

Chamaerops humilis

Zwergfächerpalme

Diese Palme aus dem Mittelmeergebiet für warme, sehr geschützte Standorte treibt aus der Basis nach und wird zu einem Blätterbusch mit exotisch wirkenden, glänzend grünen Blättern. Die schattenverträgliche Pflanze kann gut in Hausnähe stehen. In kühlen Gegenden ist sie ein beeindruckender Solitär im Haus oder Wintergarten.
Höhe: 3 m; Breite: 2 m.
Frostempfindlich.
Nahrhaften, durchlässigen Boden; Sonne bis lichten Schatten.

Cordyline australis

Keulenlilie

In südlichen Gefilden wird die Keulenlilie häufig als Straßenbaum gezogen, wo sie sich zu einem wohlgeformten Baum mit geradem Stamm und symmetrischer Krone aus schwertförmigen Blättern entwickelt, von denen die mittleren straff aufrecht stehen, die äußeren dagegen weit überhängen. Abgestorbene Blätter unterhalb der Krone wirken ungepflegt und sollten entfernt werden. Manche Selektionen tragen farbiges Laub.
Höhe: 3 m; Breite: 1 m; mitunter mehr in beiden Richtungen.
Frostempfindlich.
Nahrhaften, durchlässigen Boden; Sonne bis lichten Schatten.

Dicksonia antarctica

Baumfarn

Dies ist unbestreitbar die Mode-Pflanze unserer Zeit, schön als Solitär, jedoch auch als Gruppe beeindruckend. Sie bringt exotisches Flair in fast jede Dekoration. Der Baumfarn mag Lauberde und einen geschützten, möglichst leicht schattigen Standort. In kalten Gegenden ist der Stamm während der Winterruhe mit Stroh oder ähnlichem vor Frost und Nässe zu schützen.
Höhe: 2 m; Breite: 4 m.
Frostempfindlich.
Nahrhaften, mit Lauberde angereicherten Boden; lichten Schatten.

Euphorbia characias 'Lambrook Gold'

Palisadenwolfsmilch

Diese strauchig wachsende Wolfsmilch ist eine vielseitige Pflanze mit unverwechselbaren halbkugelförmigen Dolden gelbgrüner Blüten, die vom späten Frühjahr bis zum Frühsommer anhaften. 'Lambrook Gold' trägt besonders farbintensive Blüten; die Blüten von 'John Tomlinson' sind von noch entschiedenerem Gelb. Unbenannte Sämlinge sind oft weniger auffällig. Nach der Blüte bis zum Boden abschneiden.
Höhe und Breite: 1,50 m.
Bedingt winterhart.
Durchlässigen Boden; möglichst volle Sonne, verträgt jedoch auch leichten Schatten.

Fatsia japonica

Zimmeraralie

Die normalerweise als Hauspflanze gezogene Zimmeraralie kann unter günstigsten Bedingungen auch im Freien überleben, wo ihre großen, gefingerten Blätter jede Pflanzung in einen Tropendschungel verwandeln.
Höhe und Breite: 3 m.
Bedingt winterhart.
Jeden durchlässigen Boden; Sonne bis Schatten. Im Frühjahr nach Bedarf zurückschneiden.

Festuca glauca

Blauschwingel

Dieses büschelförmig wachsende, stahlblaue Gras lässt sich als niedrige Randbepflanzung, in Gruppen oder als Solitär im Topf einsetzen. Sorten wie 'Harz' und 'Blaufuchs' haben intensiv gefärbtes Laub. Zierend ist auch die sommerliche Blüte.
Höhe und Breite: 30 cm.
Sehr winterhart.
Jeden durchlässigen Boden; möglichst sonnigen Standort.

***Cercis canadensis* 'Forest Pansy'**

Dicksonia antarctica

Festuca glauca

Melianthus major

Honigstrauch

Dieser Strauch ist mit seinen gefiederten, weichen, silbrig-grünen Blättern eine der schönsten Blattschmuckpflanzen. Ziehen Sie ihn in kalten Gegenden vor einer warmen Wand; bei kalten Wintern verhält sich dieses strauchige Gewächs eher wie eine Staude. Im Winter ist eine schützende Abdeckung aus Stroh oder Farnlaub angebracht. Die Pflanze bringt hervorragend Höhe in eine „exotische" Kombination von Canna, Dahlien und frostempfindlichen Sommerblumen.
Höhe: 2,50 m; Breite: 2 m.
Frostempfindlich.
Jeden nahrhaften, durchlässigen Boden; sonnigen Standort. In kühleren Gegenden gegen Frost und Nässe abdecken.

Miscanthus sinensis

Chinaschilf

Diese elegante Gräsergruppe trägt fontänenartig überhängendes Laub und pinselartige bräunlich-gelbe Blütenstände. Die Sorte 'Gracillimus', auch als Eulaliagras bezeichnet, ist besonders schön; ihre schmalen Blätter biegen sich weit über. Beinahe noch augenfälliger ist 'Zebrinus', mit gelb quergestreiften schmalen Blättern und seidigen braunen Blüten.
Höhe: 1,50 m; Breite: 60 cm.
Sehr winterhart.
Jeden nicht allzu trockenen bzw. ständig nassen Boden; sonnigen Standort.

Musa basjoo

Japanische Faserbanane

Bananenstauden werden im Garten meist wegen ihrer exotisch anmutenden, paddelförmigen, frischgrünen Blätter gezogen; außerhalb der Tropen reifen die manchmal hervorgebrachten Früchte nur selten aus. Das Laub allein reicht jedoch schon aus, ein Tropenambiente zu schaffen.
Höhe und Breite: 1,50 m, unter zusagenden Bedingungen mehr.
Bedingt winterhart.
Jeden nahrhaften Boden; vollsonnigen Standort. Im Winter zum Schutz gegen Frost lose in Stroh einpacken.

Olea europaea

Olivenbaum

Die europäische Olive wird als Gartenpflanze immer beliebter, obgleich sie in kühlerem Klima wohl nicht fruchten wird. Sie hat von Natur aus einen schönen, meist rundlichen Wuchs und trägt attraktives graugrünes Laub. Die Olive ist eine ideale Containerpflanze und ein attraktiver Solitär im mediterranen Ambiente. In kalten Gegenden ist Winterschutz notwendig.
Höhe und Breite: bis 10 m, im Garten jedoch meist weit darunter.
Bedingt winterhart.
Nahrhaften, durchlässigen Boden; vollsonnigen Standort.

***Ophiopogon planiscapus* 'Nigrescens'**

Schwarzer Schlangenbart

Dieses winzige Liliengewächs erinnert mit seinen festen, riemenförmigen Blättern an ein Gras. Das Hauptinteresse gilt der Farbe: Keine Pflanze kommt einem wirklichen Schwarz näher – der langsam wachsende Schlangenbart ist verlässlicher Gesprächsstoff. Er sieht gut aus in einem Kiesgarten oder vor kontrastierenden weißen Marmorchips.
Höhe und Breite: 20 cm.
Winterhart.
Nahrhaften, möglichst kalkfreien oder leicht sauren Boden; Sonne bis lichten Schatten.

Phormium tenax

Neuseeländer Flachs

Der Neuseeländer Flachs ist eine hübsche Staude mit schwertförmigen, elegant überhängenden Blättern. In winterkalten Gegenden ist Frostschutz notwendig; eine Teilung alle paar Jahre ist sinnvoll, denn bei zu dichtem Stand bekommen die Blätter braune Flecken. 'Purpureum' ist eine Selektion mit bronzevioletten Blättern; das Laub von 'Variegatum' ist cremeweiß gerändert.
Höhe und Breite: 2 m oder mehr.
Bedingt winterhart.
Gleichmäßig feuchten Boden; sonnigen oder halbschattigen Standort. In kühleren Gegenden gegen Frost und Nässe abdecken. Regelmäßig beschädigtes Laub entfernen.

Phyllostachys

Bambus

Dieser elegante Bambus ist ein ebenso guter Solitär wie Pflanzhintergrund und außerdem ein hervorragender Sichtschutz. *Phyllostachys* wuchert, weshalb man ihn entweder in große, in den Boden versenkte Container oder mit Wurzelschutz einpflanzt. Der riesige Maduke-Bambus *(P. bambusoides)* trägt reichliches, glänzend dunkelgrünes Laub an stämmigen grünen Trieben. *P. flexuosa* hat bis 8 m hohe gebogene, schlanke Halme. Am elegantesten ist wohl der Schwarzrohrbambus *(P. nigra)* mit im Alter schwarzen Halmen – eine wahrhaft dramatische Pflanze für eine fernöstliche Gestaltung.
Höhe und Breite: 5 m oder mehr.
Winterhart.
Nahrhaften, durchlässigen Boden; Sonne bis lichten Schatten.

Melianthus major

***Miscanthus sinensis* 'Zebrinus'**

Olea europaea

***Ophiopogon planiscapus* 'Nigrescens'**

Kletterpflanzen und Mauersträucher

Diese Pflanzengruppe ist umso wichtiger, je kleiner der Garten ist, denn in diesem spielen Mauern und schützende Umfriedungen eine große Rolle. Immergrüne, blühende Sträucher und schnellwüchsige Einjährige in ausgewogenem Verhältnis kleiden den Hausgarten das ganze Jahr über in Farbe und Textur.

Campsis radicans

Klettertrompete

Die trompetenförmigen, weich orange-roten Blüten dieses wüchsigen, sommergrünen Selbstklimmers sind im Garten noch nicht allzu häufig anzutreffen; vom Spätsommer bis in den Herbst bietet die reichbelaubte Pflanze einen beeindruckenden Anblick.
Höhe und Breite: bis 10 m.
Bedingt winterhart.
Jeden nahrhaften, durchlässigen Boden; vollsonnigen Standort. Eine warme Wand steigert Wuchs- und Blühfreudigkeit.

Ceanothus

Säckelblume

Nur wenige Wandsträucher können sich mit der Säckelblume messen, wenn diese sich mit ihren blauen duftenden Blüten bedeckt. Die Blautöne reichen von hellstem Himmelblau bis zu kräftigem Indigo. Es gibt sowohl laubabwerfende als auch immergrüne Arten; die immergrünen sind etwas weniger winterhart und daher in kühlen Gegenden riskanter, obgleich alle nicht sehr langlebig sind. Die Blüte erfolgt entweder zum Sommerbeginn oder im Spätsommer. Im Frühjahr blühende Immergrüne sind u.a. 'Delight', 'Italian Skies' und 'Puget Blue', alle mit leuchtend blauen Blüten.
Höhe und Breite: bis 2 m + mehr.
Bedingt winterhart.
Jeden nahrhaften, durchlässigen Boden; vollsonnigen Standort. Wenn nötig, nach der Blüte zurückschneiden.

Chaenomeles

Zierquitte

Dieser recht sperrige, dornige Strauch kann zwar dicht an der Wand erzogen werden, doch einfacher ist es, ihn lose aufzubinden und die Zweige zwanglos nach vorn überhängen zu lassen. Zarte Schalenblüten erscheinen im Frühjahr entweder vor oder gleichzeitig mit den Blättern. *C. speciosa* 'Geisha Girl' blüht aprikosenfarben und ist von saubererem Wuchs als die meisten anderen. Zur Hybridengruppe *C.* x *superba* zählen mehrere wertvolle rot, weiß oder rosa blühende Selektionen. Eine der schönsten roten ist wohl 'Knap Hill Scarlet'. 'Crimson and Gold' zeichnet sich zusätzlich durch leuchtend gelbe Staubblätter aus.
Höhe und Breite: 1,50 m.
Sehr winterhart.
Nahrhaften, durchlässigen Boden; Sonne bis lichten Schatten. Zierquitten tolerieren fast jeden nicht ständig nassen Boden.

Clematis

Waldrebe

Buchstäblich für jede Jahreszeit lässt sich eine blühende Clematis-Spezies oder -Sorte finden. Am bekanntesten sind die Sommerblüher mit großen Blütentellern in meist leuchtenden Farben, darunter die samtig purpurrote 'Warszawska Nike' und 'Marie Boisselot', eine ausgezeichnete weiße Sorte. Keine *Clematis* blüht in reinem Blau, die meisten tendieren ins Malvenblaue; eine der besten blauen ist 'Perle d'Azur'. Probieren Sie im Container 'Sho-un', eine lange blühende Sorte mit großen blauen Blüten.
Die wilden Spezies, die sich durch teils üppiges Wachstum auszeichnen, tragen zierlichere Blüten. Sie eignen sich als großflächiger Sichtschutz; allerdings ist nur *C. armandii* immergrün. Zu den Spezies zählt die im zeitigen Frühjahr blühende elegante *C. alpina* mit nickenden Glockenblüten und Selektionen in Blau, Rosa und Weiß. Die immergrüne *C. armandii* trägt für die Familie ungewöhnliches lederartiges Laub und im Frühjahr duftende weiße Blüten. Ebenfalls unterschiedlich duftend sind die Blüten der *C. montana*-Selektionen, von denen 'Alexander' weiß blüht.
Von Spätsommer bis Herbst tragen *C. tangutica* und *C.* 'Bill Mackenzie' kleine gelbe Blütenlampions. *C.* 'Pagoda', ein weiterer später Blüher, trägt zierliche, rosarote Blüten mit ungewöhnlich aufgebogenen Blütenblättern.
Höhe und Breite: Die meisten Spezies bis 10 m; Hybriden und *C. alpina* bis 3 m. Sehr winterhart (*C. armandii* bedingt winterhart).
Die meisten lieben nahrhaften, durchlässigen, vorzugsweise kalkhaltigen Boden; Sonne bis Halbschatten. Der Wurzelfuß benötigt Schatten. Der Rückschnitt hängt von der Klassifizierung ab; nähere Informationen dazu geben einschlägige Publikationen und Gärtnereien.

Campsis radicans

***Clematis* 'Marie Boisselot'**

***Clematis* 'Pagoda'**

***Hedera helix* 'Cavendishii'**

Hedera

Efeu

Die vielen, grundsätzlich selbsthaftenden Efeuarten begrünen selbst unwirtlichste Gartenecken; Blattform und Farbe sind vielfältiger, als man meinen möchte. Die von den Kanarischen Inseln stammende großblättrige Spezies *H. algeriensis* wird meist in einer panaschierten Form wie 'Gloire de Marengo' gezogen. Sie benötigt einen relativ geschützten Standort. Die robuste, kleinblättrigere *H. helix* ist quasi unverwüstlich. 'Cavendishii' hat cremegelbe Blattränder; 'Green Ripple' ist wüchsig, mit auffällig gezackten Blättern.
Höhe und Breite: bis 4 m *(H. algeriensis* 'Gloire de Marengo'); von 45 cm bis 8 m *(H. helix-Sorten).*
Bedingt winterhart *(H. algeriensis)*; sehr winterhart *(H. helix*-Sorten).
Beinahe jeden nicht ständig nassen, vorzugsweise kalkhaltigen Boden; buntblättrige Sorten benötigen etwas Sonne zur besten Ausfärbung, grüne Sorten vertragen tiefen Schatten.

Humulus lupulus 'Aureus'

Goldhopfen

Diese überaus wüchsige Kletterstaude stirbt zwar im Winter bis auf den Boden ab, doch ist sie erst eingewachsen, berankt sie jedes Jahr eine ganze Wand oder Pergola und ist daher sehr nützlich, wo nur während eines Teils des Jahres ein Blättervorhang erwünscht ist. Von den ersten Trieben abgesehen ist es sinnlos, diesen Hopfen in eine Richtung lenken zu wollen – lassen Sie ihn ranken.
Höhe und Breite: bis 6 m.
Winterhart.
Jeden nicht allzu nährstoffarmen, durchlässigen Boden; beste Blattfärbung in voller Sonne.

Passiflora caerulea

Blaue Passionsblume

Die meisten Passionsblumen sind Gewächshauspflanzen, doch diese Spezies kann an geschütztem Standort auch in kühleren Gegenden den Winter überleben. Passionsblumen klettern mit Hilfe von Blattranken.
Höhe und Breite: bis 3 m.
Bedingt winterhart.
Jeden nahrhaften, durchlässigen Boden; vollsonnigen Standort. Im Winter gegen Frost abdecken.

Pyracantha

Feuerdorn

Feuerdorn zählt zu den widerstandsfähigsten Gartenpflanzen und ist ein idealer Sichtschutz. Prachtvoll ist er als Wandspalier, doch pflanzen Sie ihn nie zu nah an einen Weg, da die Zweige mit barbarischen Stacheln bewehrt sind. 'Orange Glow' trägt Beeren in leuchtendem Orange, die Beeren von 'Soleil d'Or' sind goldgelb.
Höhe und Breite: 1,50 m, an der Wand mehr.
Winterhart.
Fast jeden Boden; sonnigen bis mäßig schattigen Standort. Beim Rückschnitt sind Bauhandschuhe und ggf. ein fester Hut zu empfehlen!

Rosa

Rose

Die folgenden Sorten haben sich alle im Garten bewährt. 'Madame Alfred Carrière', mit reicher leicht unordentlicher, aber süß duftender sahneweißer Blüte im Sommer, ist besonders vielseitig; sie rankt an Wänden und in hohen Bäumen und kleidet eine stabile Pergola oder einen Bogen in Blüten. 'Félicité et Perpétue' trägt zarte, zerknautschte Blüten, die rosa aufblühen und zu rosigem Weiß ausbleichen. 'Gloire de Dijon' blüht früh und benötigt in winterkalten Gegenden den Schutz einer warmen Wand; sie trägt große, dicht gefüllte Blüten in hellem Apricot. 'Constance Spry' trägt gefüllte, kräftig rosa Blüten.
Höhe und Breite: bis 5 m oder mehr, je nach Sorte.
Sehr winterhart.
Sehr nahrhaften, durchlässigen Boden; Sonne bis lichten Schatten.

Solanum jasminoides 'Album'

Jasminähnlicher Nachtschatten

Diese zarte Schönheit, die einen geschützten Platz benötigt, öffnet ihre weißen Blüten mit gelbem „Knopf" über einen Großteil des Sommers hinweg. Die dünnen Stiele müssen aufgebunden werden.
Höhe und Breite: 3 m.
Frostempfindlich.
Jeden durchlässigen Boden; vollsonnigen Standort. Meist nur als Sommerblume.

Wisteria

Glyzine

Im späten Frühjahr bietet eine blütenbehangene Glyzine einen umwerfenden Anblick. Die Pflanze ist winterhart, doch der holzige Stamm will wirklich „gebacken" sein, um Blüten zu treiben, weshalb der Hauptstamm nah an einer warmen Wand stehen sollte. Schneiden Sie im Spätsommer sämtliche eigensinnigen Neutriebe zurück. Selektionen für den Garten stammen gewöhnlich entweder von der japanischen *W. floribunda* (neben fliederfarbenen existieren weiße und violette Formen) oder ihrer ähnlichen, wüchsigeren Verwandten, der chinesischen *W. sinensis* ab.
Höhe und Breite: bis 9 m.
Sehr winterhart.
Jeden möglichst nicht zu nahrhaften, durchlässigen Boden; Sonne bis sehr lichten Schatten.

Humulus lupulus

Passiflora caerulea

***Rosa* 'Constance Spry'**

Wisteria sinensis

Pflanzen für Container

Mit Pflanzcontainern können Sie Ihrer Terrasse das ganze Jahr über ein immer neues Gesicht geben. Formgehölze und große Solitärsträucher schaffen im Nu architektonische Effekte und Blickpunkte. Frühjahrs-, Sommer- und Herbstblüher setzen immer wieder neue Akzente und geben Gelegenheit zu Farbexperimenten. Zu einem Arrangement gruppiert, ist ihre Wirkung am größten.

Agave americana

Amerikanische Agave

Die riesige Sukkulente bildet Rosetten lederartiger, bereifter Blätter mit gezähntem Rand. Der spektakuläre Blütenstand führt meist zum Absterben der Hauptrosette. An der Basis entstandene Nebenrosetten werden dann abgelöst und eingepflanzt, bis sie selbst blühen. 'Marginata' hat hellgelb gesäumte Blätter; bei 'Mediopicta' ist dieses Farbmuster umgekehrt – das Gelb erscheint als breiter Mittelstreifen.
Höhe und Breite: 2 m.
Sehr frostempfindlich.
Kakteenerde verwenden; vollsonnigen Standort. In winterkalten Gegenden muss die Pflanze im Haus überwintern.

Anemone coronaria

Kronenanemone, Gartenanemone

Je nachdem, wann die Knollen gepflanzt wurden, bietet diese Anemone im Spätfrühling oder Frühsommer einen willkommenen Anblick. Mehrere zu gleicher Zeit bepflanzte Töpfe wirken wahrhaft spektakulär. Die Hybriden teilen sich in zwei Hauptgruppen. St. Brigid-Anemonen blühen gefüllt in Tönen von Rot, Pink, Blauviolett bis Weiß, die De Caen-Anemone blüht einfach in Weiß, Rot, Pink, Rotviolett oder Blau.
Höhe: 30–40 cm; Breite: 15 cm.
Sehr winterhart.
Komposthaltiges Pflanzsubstrat verwenden; sonnigen Standort.

Buxus sempervirens

Buchsbaum

Dies ist einer der vielseitigsten immergrünen Sträucher; er verträgt Rückschnitt ausgezeichnet und ist daher ideal für Formschnitt. Selbst ein alter, ungepflegter Strauch kann wieder drastisch in Form gebracht werden. 'Suffruticosa' ist eine äußerst langsam wachsende Zwergform mit winzigen Blättern. Jungpflanzen werden leicht aus Stecklingen gezogen.
Höhe und Breite: 1 m x 1,50 m ('Suffruticosa'); sonst bis 5 m.
Sehr winterhart.
Komposthaltiges Pflanzsubstrat verwenden; Sonne bis leichten Schatten.

Eucomis autumnalis

Schopflilie, Ananasblume

Der Blütenstand dieser Pflanze erinnert mit seinem grünen Blattschopf an eine Ananas. Sie gedeiht hervorragend im Topf, vorzugsweise an geschütztem Platz. *E. autumnalis* blüht vom Spätsommer bis in den Herbst mit einer hellgrünen bis weißen aufrechten Blütentraube.
Höhe: 20–30 cm; Breite: 60–75 cm.
Bedingt winterhart.
Wenig gedüngtes, durchlässiges Substrat verwenden; vollsonnigen Standort. Im Winter gegen Nässe und Kälte abdecken oder im Haus überwintern.

Hyacinthus

Hyazinthe

Diese duftende Frühlingszwiebelblume ist ideal für die Topfkultur; bei zu feuchter Haltung leidet die Zwiebel allerdings Frostschaden. Sämtliche Sorten, die in fröhlich leuchtenden Farben von Blau über Weiß und Pink bis Gelb erhältlich sind, stammen von *H. orientalis* ab. Zu den spektakulärsten zählen 'Amethyst' (fliederfarben), 'Ben Nevis' (weiß), 'Blue Jacket' (dunkelblau), 'City of Haarlem' (gelb), 'Hollyhock' (dunkelrot), 'Pink Pearl' (rosé) und 'Woodstock' (dunkelstes Pink).
Höhe: 30–60 cm; Breite: 20 cm.
Winterhart.
Bei Topfpflanzung zur Verbesserung des Wasserabzugs mit Splitt vermischtes komposthaltiges Pflanzsubstrat verwenden.

Ilex aquifolium

Gewöhnliche Stechpalme

Stechpalmen sind robuste, sehr schnittverträgliche Immergrüne mit meist stacheligem Laub, denen man einfache Form geben kann; unbeschnitten erreichen sie im Laufe der Zeit Baumgröße. Manche Selektionen tragen weiß oder leuchtend gelb panaschiertes Laub. Nur der weibliche Strauch setzt Beeren an; meist ist dazu ein männlicher Strauch in der Nähe nötig. 'J.C. van Tol' und wenige andere sind selbstfruchtend.
Höhe und Breite: 3 m und mehr, unterschiedlich nach Sorte und/oder Schnitt.
Winterhart.
Komposthaltiges Pflanzsubstrat verwenden; sonnigen bis schattigen Standort.

Agave americana

***Anemone coronaria* 'The Governor'**

Buxus sempervirens

Eucomis autumnalis

Laurus nobilis
Lorbeer
Bereits in der Literatur der Antike hochgelobt und voller Assoziationen. Lorbeer lässt sich als Baum oder als Strauch ziehen; er ist mit seinen festen, mattgrünen Blättern mit gewelltem Rand eines der schönsten immergrünen Gehölze. Lorbeer kann gut zur Kugel oder zum Kegel formiert werden. Ins Feuer oder auf den Grill geworfene Zweige knistern erfreulich.
Höhe und Breite: bis zu 3 m, je nach Schnitt.
Bedingt winterhart.
Lehmhaltiges Pflanzsubstrat verwenden; sonnigen bis schattigen Standort.

Phormium
Neuseeländer Flachs
Diese an Gras erinnernde Pflanze wächst zu einem eindrucksvollen Horst überhängender, schwertförmiger Blätter heran. Es gibt etliche Sorten mit farbigem Laub. *P. tenax* 'Nanum Purpureum' ist eine für den kleinen Garten geeignete Zwergform mit bronze-violett überhauchtem Laub. Die Hybride 'Maori Sunrise' hat schmales Laub mit Streifen in Apricot-Rosa und bronzefarbenem Rand. Manchmal erscheinen im Sommer hohe Blütenstände.
Höhe und Breite: bis 2 m; Zwergformen meist bis maximal 1 m.
Bedingt winterhart.
Einheitserde verwenden; sonnigen oder leicht schattigen Standort.
Vor Frost schützen. Während der Wachstumsphase regelmäßig gießen.

Pieris
Lavendelheide
Dieser Waldstrauch gedeiht auch auf der Terrasse am besten in leichtem Schatten. So attraktiv die Blütenglöckchen im Frühjahr sind, werden doch die meisten ihres zur Zeit des Neuaustriebs auffälligen Laubes wegen gezogen. *P. japonica* 'Flaming Silver' treibt leuchtend rot mit rosa Rand aus, der rasch zu Silberweiß verblasst. Die rosa Blütenknospen von 'Blush' erblühen weiß mit rosa Schimmer. 'Valley Valentine' trägt ungewöhnliche leuchtend rote Knospen, die sich dunkel violett-rot öffnen.
Höhe und Breite: 2 m.
Die meisten Sorten winterhart.
Rhododendronerde verwenden, möglichst mit beigemischter Lauberde; leicht schattigen Standort.

Trachelospermum jasminoides
Sternjasmin
Eine immergrüne Kletterpflanze mit an Windrädchen erinnernden, himmlisch duftenden weißen Blüten während eines Großteils des Sommers. In warmem Klima oder im großen Wintergarten lässt sie sich hervorragend mit Bougainvillea kombinieren. In den ersten Jahren empfiehlt sich für die weitgehend frostharte Pflanze ein Winterschutz. Die anfangs langsam wachsende Pflanze ist absolut lohnenswert.
Höhe und Breite: bis 9 m.
Weitgehend winterhart.
Komposthaltiges Pflanzsubstrat verwenden; Sonne bis leichten Schatten.

Trachycarpus fortunei
Hanfpalme
Mit dieser frostverträglichsten Palme lässt sich wunderbar Exotik in einen kühlen, geschützten Garten transponieren. Die steifen, gefältelten Blätter erreichen einen Durchmesser von bis zu 75 cm. Alte Pflanzen entwickeln einen faserigen Stamm.
Höhe: bis 3 m; Breite: 1,50 m.
Bedingt winterhart.
Komposthaltiges Pflanzsubstrat verwenden; sonnigen bis leicht schattigen Standort. Im Winter vor kaltem Wind schützen.

Triteleia laxa
Frühlingsstern
Die herrlich zarten Blüten dieser Zwiebelblume erinnern an Krokusse. *T. laxa* 'Koningin Fabiola' blüht im Sommer blauviolett.
Höhe: bis 25 cm; Breite: 8–10 cm.
Winterhart.
Komposthaltiges Pflanzsubstrat verwenden; sonnigen, geschützten Standort.

Washingtonia filifera
Washington-Palme, Priesterpalme
Diese Palme erinnert an die Hanfpalme, wächst jedoch offener; alte Exemplare entwickeln Blattstiele von 1,50 m Länge oder mehr und einen am Fuß verdickten Stamm. Der „Rock" aus den unteren, abgestorbenen Blätter kann eine Brandgefahr darstellen, wenn er nicht entfernt wird.
Höhe: 3 m und darüber;
Breite: 1,50 m und darüber.
Frostempfindlich.
Komposthaltiges Pflanzsubstrat mit Lauberde und grobem Sand vermischen; vollsonnigen Standort.

Yucca filamentosa
Adamsnadel, Fädige Palmlilie
Diese markante, sehr symmetrische Blattschmuckpflanze mit steifen, schwertförmigen Blättern bringt im Spätsommer bis Herbst häufig hohe Triebe mit weißen Blüten hervor.
Höhe und Breite: 1 m (Blütenstand bis 2 m). Winterhart.
Komposthaltiges Pflanzsubstrat verwenden; vollsonnigen bis leicht schattigen Standort.

***Hyacinthus orientalis* 'Woodstock'**

Laurus nobilis

***Phormium tenax* cultivar**

***Triteleia laxa* 'Koningin Fabiola'**

Pflanzen mit Duft

Duft verzaubert den Garten. Am Wegrand setzen Kräuter wie Thymian und Lavendel beim Vorbeigehen ihren Duft frei. Unterschiedliche Nuancen erzeugen unterschiedliche Stimmungen: Rosen und Geißblatt duften wie ein Morgen auf dem Lande, das schwere Parfüm von Lilien und Tabakblüten verwandelt eine sonnige Terrasse in ein sinnliches Paradies.

Brugmansia* × *candida
Engelstrompete, Datura
Schön, aber tödlich: Sämtliche Teile dieser Pflanze sind giftig. Die einzigartigen, riesigen Trompetenblüten baumeln vom Sommer bis zum Herbst an den Trieben und duften nachts betäubend. In warmen Gegenden oder im Wintergarten lässt sich die Engelstrompete als spektakulärer Hochstamm ziehen. Es gibt Selektionen mit weißen, zartgelben und apricot-farbenen Blüten.
Höhe und Breite: 1,50 m oder mehr.
Sehr frostempfindlich.
Nahrhaften, durchlässigen Boden; vollsonnigen Standort. An einer geschützten Wand übersteht die Engelstrompete gut abgedeckt als Wurzelstock auch Frost.

Choisya ternata
Orangenblume
Dieser immergrüne Strauch trägt aromatisches Laub und im späten Frühjahr duftende weiße Blüten. Sein kugelförmiger Wuchs macht ihn ohne Schnitt zum „Formstrauch". 'Sundance' hat leuchtend gelbgrünes Laub.
Höhe und Breite: 2 m.
Bedingt winterhart.
Nahrhaften, durchlässigen Boden. *Choisya* toleriert einigen Schatten und steht gern vor einer Wand, blüht aber am besten in voller Sonne.

Jasminum
Jasmin
Für viele Gärtner symbolisiert Jasminduft den Sommer. Für kühlere Gegenden ist nur der Echte Jasmin *(J. officinale)* zu empfehlen; er sollte möglichst an einer warmen Wand gezogen werden, doch wo die Temperaturen nur minimal unter den Gefrierpunkt sinken, lohnt ein Versuch an einer Pergola. Der Duftjasmin *(J. polyanthum)* blüht im Spätwinter und muss frostfrei stehen.
Höhe und Breite: bis 3 m.
Bedingt winterhart *(J. officinale)*; frostempfindlich *(J. polyanthum)*.
Durchlässigen, nahrhaften Boden; Sonne bis Halbschatten.

Lathyrus odoratus
Duftwicke
Die einjährige Duftwicke ist eigentlich eine Kletterpflanze, doch es gibt auch kompakte Züchtungen für die Rabatte. Wählen Sie die Sorte mit Bedacht, denn nicht alle duften gleich. Blüten gibt es in Weiß, Rosa, Lavendelblau, Orange und Rot. An einen Obelisken gepflanzt bringen Wicken Höhe in die Rabatte. Pflücken oder putzen Sie die Blüten regelmäßig aus, um die Blüte zu verlängern.
Höhe und Breite: bis 2 m.
Winterhart.
Jeden Boden; vollsonnigen Standort. Aussaat im Spätherbst oder zeitigen Frühjahr.

Lavandula
Lavendel
Der strauchige Lavendel ist eine typische Bauerngartenpflanze und wird seit alters her seiner aromatischen Blätter wegen gezogen. Während der sommerlichen Blüte schwärmt die Pflanze mit Bienen. Sie wird rasch struppig und profitiert von einem Rückschnitt im Frühjahr und im Spätsommer; ersetzen Sie alte verholzte Pflanzen durch neue, die leicht aus Stecklingen gezogen sind. Vom Echten Lavendel *(L. angustifolia)* gibt es ausgezeichnete Sorten. 'Hidcote' blüht tiefblau, die kompakte 'Nana Alba' weiß; 'Vera' ist robust, mit breiteren Blättern und lavendelblauen Blüten. Weniger frosthart ist der kommerziell für Lavendelöl angebaute Schopflavendel *(L. stoechas)*, der sich durch hochragende Tragblätter an der Spitze der Blütenähren auszeichnet.
Höhe und Breite: 45 cm.
Winterhart; L. stoechas bedingt winterhart.
Sehr durchlässigen Boden; volle Sonne. Lavendel gedeiht gut auf kargem, kiesigem Boden.

Lilium
Lilie
Lilien, die Aristokraten unter den Blumenzwiebeln, stehen in dem ungerechtfertigten Ruf, schwierig zu sein – das Problem liegt in den unterschiedlichen Kulturansprüchen der vielen Arten. Hybriden duften nur selten (neuere Zuchtprogramme könnten das ändern). Zu den duftenden Spezies zählt die Madonnenlilie *(L. candidum)* mit Trompetenblüten von jungfräulichem Weiß. *L. formosanum* blüht ebenfalls weiß,

Lathyrus odoratus

Jasminum officinale

Lavandula stoechas

Lilium regale

mit kräftigem violettem Schimmer an der Außenseite, und die Königslilie *(L. regale)* trägt stark duftende, wachsweiße Blüten, ebenfalls mit violett behauchter Außenseite. Sämtliche Lilien blühen im Sommer. Höhe: je nach Art 60–200 cm. Sehr winterhart.
Lilien bevorzugen kühlen Boden an sonnigem Standort; guter Wasserabzug ist unerlässlich. L. candidum gedeiht gut auf kalkhaltigem Boden; . *L. formosanum* benötigt feuchten, sauren Boden; *L. regale* toleriert fast alle durchlässigen Böden. Setzen Sie die Zwiebeln tief; einzig *L. candidum* sollte knapp unter der Oberfläche sitzen.

Lonicera periclymenum
Waldgeißblatt

Geißblatt ist bekannt für seinen Duft, doch das trifft nicht auf jede Art zu, was bei der Auswahl zu beachten ist. *L. periclymenum* zählt zu den am stärksten duftenden Arten; hinzu kommt, dass es früh und spät blühende Sorten gibt. 'Belgica' blüht im Frühsommer rosa mit rot; 'Serotina' dunkelviolett mit rosig von Mittsommer bis in den Herbst. Die üppig schlingenden Triebe verwandeln eine Pergola in eine duftende Laube; auch an Bäumen gedeihen sie. Mit Geduld kann man dieses Geißblatt zu einem Hochstamm erziehen.
Höhe und Breite: bis 4 m. Winterhart.
Geißblatt gedeiht auf jedem nicht zu trockenen Boden, solange die Wurzeln beschattet sind.

Matthiola
Levkoje

Je nach Aussaattermin lassen sich die meisten Levkojen wahlweise als Ein- oder Zweijährige ziehen. Die weißen, rosa, hellvioletten oder blutroten Blüten sind eine äußerst wertvolle duftende Ergänzung beinahe jeder Bepflanzung (duften wunderbar und passen zu fast jedem Gartenstil). Die Brompton-Serie ist zweijährig; es gibt gefüllte Selektionen und Zwergformen.
Die Ten-Week-Serie blüht, wie der Name andeutet, zehn Wochen nach Aussaat; eine Staffelung garantiert Blüten über einen langen Zeitraum. *M. longipetala* subsp. *bicornis* ist nachtduftend.
Höhe: 30 cm; Breite: 20 cm. Winterhart.
Jeden Boden; volle Sonne. Aussaat ab Sommer für Blüte im Folgejahr, vom späten Winter für Blüte im gleichen Jahr.

Nicotiana × sanderae
Ziertabak

An heißen Tagen schließen sich seine Blüten und werden schlaff, doch mit Nachlassen der Hitze erholen sie sich, um in der Dämmerung ihren Weihrauchduft zu verströmen. Es gibt farblich gemischte Samenmischungen (weiß, rosa, rot) sowie Einzelfarben. Zwergsorten sind bei Platzmangel eine ausgezeichnete Alternative.
Höhe: 30–45 cm; Breite: 25 cm. Frostempfindlich.
Jeden Boden; Sonne bis leichten Schatten. Im zeitigen Frühjahr in Saatkisten vorziehen.

Pittosporum tobira
Chinesischer Klebsame

Die meisten Klebsamen werden ihres Laubes wegen gezogen, doch diese Art trägt von Spätfrühling bis Frühsommer Büschel süß duftender weißer Blüten. Sie ist ideal für einen geschützten Platz; in frostfreiem Klima ist sie als Hecke zauberhaft, ansonsten eine lohnende Kübelpflanze, die Winterschutz benötigt.
Höhe: 2 m; Breite: 1,50 m. Bedingt winterhart.
Nahrhaften, durchlässigen Boden; Sonne bis lichten Schatten. Rückschnitt im zeitigen Frühjahr.

Rosa
Rose

Beim Rosenduft gibt es große Unterschiede – manche duften gar nicht, andere duften frisch-fruchtig bis schwer moschusartig. Die kletternde 'Louise Odier' wird aufgrund ihrer späten Blüte (ab Mittsommer) und der bezaubernden starkduftenden, gefüllten, karminrosa Blüten geschätzt. 'Zéphirine Drouhin', eine Kletterrose mit magentarosa Blüten, ist wärmer im Duft. Die Bourbonen-Strauchrose 'Alba Semiplena' trägt sehr wohlriechende milchweiße Blüten, und *R. xanthina* 'Canary Bird', eine der frühesten Sorten, trägt duftende kanariengelbe Blüten.
Höhe und Breite: bis 3 m (Kletterrosen); 1–2 m (Strauchrosen). Sehr winterhart.
Nahrhaften, durchlässigen Boden; möglichst volle Sonne (Halbschatten wird toleriert, führt jedoch zu reduzierter Blüte). Ggf. Rückschnitt im Frühjahr. Regelmäßig ausputzen.

Rosmarinus officinalis
Rosemarin

Das aromatische Laub dieses mediterranen Zwergstrauches duftet besonders ausgeprägt bei Hitze und Trockenheit. Rosmarin ist selbst im Ziergarten schön; er wächst dichter, wenn er beschnitten wird, und ist für niedrige Hecken geeignet.
Höhe: bis 2 m; Breite: 1 m. Mit Glück winterhart.
Sehr durchlässigen, leichten Boden; volle Sonne. Nach der Blüte ggf. leicht zurückschneiden.

***Rosa* 'Alba Semiplena'**

***Rosa* 'Louise Odier'**

***Rosa xanthina* 'Canary Bird'**

Rosmarinus officinalis

Pflanzen für Sonne und Schatten

Bei der Planung Ihres Gartens sollten Sie grundsätzlich die Bedürfnisse der Pflanzen respektieren und sie den gegebenen Lichtverhältnissen entsprechend auswählen. Manchem scheint es, als benötigten sämtliche interessanten Pflanzen Sonne; dies betrifft hauptsächlich Blütenpflanzen. Kletterpflanzen blühen in luftiger Höhe, was von oben herrlich anzusehen ist; schöne Blattschmuckstauden wie Funkien und Farne sind wunderbar in einem Schattenbeet oder mehreren großen Kübeln.

SONNE

Canna* × *generalis
Indisches Blumenrohr
Diese exotisch anmutenden Pflanzen tragen glänzendes hochstehendes, häufig bronzefarben überhauchtes Laub. Sie blühen vom Spätsommer bis in den Herbst in Rot, Weiß, Gelb, Orange oder Lachsrosa. In winterkalten Gegenden werden ihre Rhizome wie bei Dahlien aus dem Boden genommen und überwintert.
Höhe: bis 1 m, mitunter mehr; Breite: 50 cm.
Frostempfindlich.
Nahrhaften Boden; volle Sonne.

Cistus
Zistrose
Diese mediterranen Sträucher tragen klebriges, würziges Laub und öffnen den Sommer über immer neue mohnartige Blüten. *C.* × *aguilarii* 'Maculatus' blüht weiß mit großen schwarzbraunen Flecken am Blütengrund; *C.* × *pulverulentus* blüht leuchtend kirschrot. *Cistus* gedeihen gut im großen Steingarten und auf Hängen, wo sie den nötigen durchlässigen Boden vorfinden.
Höhe und Breite: 1 m.
Bedingt winterhart.
Sehr durchlässigen Boden und Sonne; die Zistrose gedeiht gut auf kargen, kiesigen Böden.

Convolvulus cneorum
Silberwinde
Diese Schönheit ist mit der Ackerwinde verwandt, einem verbreiteten Gartenunkraut. Ihre silbergrauen Blätter allein sind lohnenswert; die sommerliche reinweiße Blüte ist ein Zusatzbonus. Sie schwelgt in Hitze und Trockenheit; wie viele silberblättrige Pflanzen wirkt sie am besten auf Kies.
Höhe und Breite: 60 cm.
Bedingt winterhart.
Sehr durchlässigen, möglichst kiesigen Boden; volle Sonne.

Cosmos bipinnatus
Schmuckkörbchen, Kosmee
Das Schmuckkörbchen ist aufgrund seiner äußerst langen Blütezeit eine der wertvollsten Einjährigen. Es zeichnet sich nicht nur durch glänzende Blüten und feingefiedertes Laub aus, sondern ist auch eine ausgezeichnete Schnittblume.
Als Massenpflanzung ist es beeindruckend.
Höhe: bis 1 m; Breite: 45 cm.
Frostempfindlich.
Jeden Boden; Sonne; Direktaussaat nach jeglicher Frostgefahr.

Cynara cardunculus
Spanische Artischocke, Kardone
Diese dramatische Staude für Einzelstellung oder – bei ausreichend Platz – imposante Gruppen im Rabattenhintergrund trägt riesige, tief gezähnte silbergraue Blätter und im Sommer große Distelblüten auf kräftigen Stängeln.
Höhe: 2 m; Breite: 1,20 m.
Frostempfindlich.
Durchlässigen Boden; volle Sonne.

Eccremocarpus scaber
Schönranke
Diese eigentlich mehrjährige Kletterpflanze wird meist einjährig aus Samen gezogen; sie trägt gefiedertes Laub und bringt bis weit in den Herbst oder zumindest bis zum Frost immer neue leuchtend orange Röhrenblüten hervor.
Besonders wirkungsvoll ist sie, wenn sie frei in einer immergrünen Hecke rankt.
Höhe: 3 m; Breite: 1 m.
Frostempfindlich.
Durchlässigen Boden; Sonne.

Tropaeolum majus
Große Kapuzinerkresse
Diese zählt zu den unkompliziertesten Einjährigen; im Frühjahr drückt man ihre großen Samen einfach in den Boden. Die Art umfasst üppig rankende Sorten, die gut für Hängekörbe oder als Kletterpflanzen sind, sowie kompakte Sorten für Beetlücken oder Pflasterritzen. Die Blütenfarben rangieren von Rot über Orange und Gelb bis zu Cremefarben.
Höhe und Breite: bis 3 m (rankende Sorten); andere Sorten oft nur bis 30 cm.
Frostempfindlich.
Jeden durchlässigen, möglichst nährstoffarmen Boden; volle Sonne.

Cistus* × *pulverulentus

Convolvulus cneorum

Cosmos bipinnatus

Tropaeolum majus

SCHATTEN

Alchemilla mollis
Frauenmantel
Diese tolerante Pflanze wächst ebenso gut in der Sonne wie im Halbschatten. Manchmal fühlt sie sich ein wenig zu wohl und samt sich hingebungsvoll überall hin aus – Beete, Schalen, Pflasterritzen. Wer dies verhindern will, muss die für Gestecke schönen gelbgrünen Blütenwolken abschneiden, bevor sie verblühen. Regen benetzt die filzigen, gefältelten Blätter auf höchst ansprechende Weise.
Höhe und Breite: 50 cm.
Sehr winterhart.
Jeden Boden; fast alle Lichtverhältnisse.

Anemone* × *hybrida
Herbstanemone
Mit den zarten weißen oder rosa Blüten dieser drahtigen Stauden ziehen Eleganz und frühlingshafte Frische in den spätsommerlichen Garten ein. Mit der Zeit breiten sie sich zu großen Horsten aus. Ganz bezaubernd sind sie im Schattenspiel unter sommergrünen Bäumen.
Höhe: bis 1,50 m; Breite: 60 cm.
Sehr winterhart.
Frischen Boden; Schatten bis Sonne. Toleriert auch leichtere, trockenere Böden.

Cyrtomium
Diese recht kräftigen Farne sind besonders nützlich als ruhiger Gegenpol zu pompöseren Rabattenpflanzen. *C. fortunei* trägt aufrechte Wedel; der aufgrund seiner Blattform als Stechpalmenfarn bezeichnete *C. falcatum* ist eine schöne Hauspflanze, die an geschützter Stelle auch draußen stehen kann.
Höhe und Breite: 60 cm.
Winterhart *(C. fortunei)*; bedingt winterhart *(C. falcatum)*.
Nahrhaften, feuchten, durchlässigen Boden; lichten bis tiefen Schatten.

Dryopteris
Wurmfarn
Wurmfarne sind robust und sehr wertvoll als pflegeleichte Grünzone zwischen anderen Pflanzen. Der Männliche Wurmfarn *(D. filix-mas)* zieht eigentlich zum Winter ein, stirbt aber selten im Herbst vollständig ab. Der Rotschleierfarn *(D. erythrosora)* benötigt einen feuchten, geschützten Standort. Jung glänzen seine dreieckigen Wedel in kupfrigem Rosa.
Höhe und Breite: 60 cm.
Sehr winterhart *(D. filix-mas)*; winterhart *(D. erythrosora)*.
Nahrhaften Boden; Schatten.

Hosta
Funkie
Funkien nehmen jedes Jahr an Umfang zu, bis sie einen eindrucksvollen Blätterhorst bilden. Leider sind sie der Kaviar der Schneckenwelt, was Schutzmaßnahmen unerlässlich macht. Sie tragen zarte Blütenähren, werden jedoch hauptsächlich als Blattschmuck gezogen. *H. sieboldiana* 'Frances Williams' ist eine alte Sorte mit runzligen, festen, blaugrünen Blättern mit cremefarbenem Rand. *H. sieboldiana* var. *elegans* trägt stark gerunzeltes, blaugrünes, bereiftes Laub und fast weiße Blüten.
Höhe und Breite: bis 60 cm und mehr, je nach Sorte.
Sehr winterhart.
Nahrhaften, humosen, gleichmäßig frischen Boden; Schatten.

***Impatiens* hybrids**
Fleißiges Lieschen
Sie ist nicht leicht aus Saat zu ziehen; kaufen Sie daher im Frühjahr Beet- oder Jungpflanzen. Die Farben reichen von Weiß über Rosa, Rot, Violett bis zu Orange.
Höhe und Breite: Je nach Sorte bis 30 cm.
Sehr frostempfindlich.
Jeden nicht ständig nassen Boden; lichten bis tiefen Schatten.

***Nicotiana* Domino Serie**
Ziertabak
Einjähriger Ziertabak verträgt zwar Sonne, welkt dort jedoch bei Hitze, weshalb er im Schatten besser steht. Gegen Abend scheint er immer neue Duftwolken zu entlassen. Die variablen Blütenfarben reichen von Weiß über Rosa und Rot bis zu Grün. Einzelfarben sind erhältlich.
Höhe und Breite: 30 cm.
Frostempfindlich.
Jeden nicht ständig nassen Boden; lichten Schatten.

Osmunda regalis
Königsfarn
Dieser sommergrüne Farn mit aufrechten Wedeln wächst wild auf sumpfigen Böden und ist am Wasserrand besonders effektvoll.
Höhe und Breite: 1–2 m.
Sehr winterhart.
Feuchten, möglichst sauren Boden; lichten Schatten.

Polystichum
Schildfarn
Zwar gedeihen diese immergrünen Farne beinahe überall, doch am wohlsten fühlen sie sich in kühlem Halbschatten. Der Schwertfarn *(P. munitum)* trägt glänzend grüne Wedel; der Weiche Schildfarn *P. setiferum* Acutilobum-Gruppe wirkt besonders elegant.
Höhe und Breite: 1 m.
Sehr winterhart.
Humosen, möglichst kalkhaltigen Boden; lichten bis tiefen Schatten.

Cyrtomium fortunei

Hosta sieboldiana* var. *elegans

***Nicotiana* Domino Serie**

***Polystichum setiferum* Acutilobum Group**

Pflanzen für jede Jahreszeit

Der Wechsel der Jahreszeiten bringt uns so große Freude, dass es geradezu tragisch wäre, das Potenzial laubabwerfender Sträucher und Stauden zugunsten eines rein immergrünen Designs zu ignorieren. Wie optimistisch machen uns doch die ersten Zwiebelblumen, wenn sie das Ende der dunklen Wintertage ankünden! Die Sommerblumen überstürzen sich geradezu, gefolgt vom reichen Farbenspiel des Herbstlaubes, das schließlich zu Boden fällt und ein filigranes Gerüst aus Zweigen hinterlässt.

FRÜHJAHR

Anemone blanda
Balkanwindröschen
Diese Blumenzwiebeln bringen von Anfang bis Mitte Frühjahr ganze Teppiche margeritenartiger Blüten hervor. Oft werden sie als Farbmischung (weiß, blau, rosa) verkauft, doch es gibt auch Einzelfarben: 'White Splendour' blüht weiß, 'Atrocaerulea' in reinem Blau. Sie wachsen auch in lichtem Schatten, doch in voller Sonne blühen sie am besten.
Höhe und Breite: 15 cm.
Sehr winterhart.
Jeden nicht ständig nassen Boden; Sonne bis Halbschatten. (In der Sonne ist die Blüte üppiger.)

Camellia japonica, C. × williamsii
Kamelie
Frühlingsblühende Kamelien sind meist eine Form von *C. japonica* oder der Hybridengruppe *C. × williamsii,* die sich auf Anhieb nicht unterscheiden lassen. Die Blütenfarben sind auf Weiß, Rosa und Rot beschränkt, doch die vielfältigen Blütenformen – einfach, gefüllt und päonienblütig – machen die Entscheidung schwer. *C.* 'Spring Festival' ist mit ihren zarten, hellrosa, gefüllten Blüten besonders bezaubernd; das junge Laub ist sacht bronzefarben überhaucht.
Höhe und Breite: Je nach Art bis 3 m.
Bedingt winterhart.
Kalkfreien Boden; sonnigen, jedoch nicht zu heißen Standort.

Crocus
Krokus
Die Blütenkelche der Krokusse gehören zu den verlässlichsten Frühlingsboten. Die robusten Gartensorten entstammen meist *C. chrysanthus* und *C. vernus. C.* 'Advance' blüht gelb mit violett, *C.* 'Ladykiller' weiß mit violett, und *C.* 'Jeanne d'Arc' reinweiß. *C.. sieberi* 'Bowles' White' ist ebenfalls schön, mit goldener Mitte. Krokusse sind als Massenpflanzung in einer oder mehreren Farben beeindruckend und ausgezeichnet für flache Schalen und Tröge.
Höhe: 8 cm; Breite: 5 cm.
Sehr winterhart.
Jeden nicht ständig nassen Boden; Sonne.

Erica carnea
Schneeheide
Meist denkt man bei Heide an Winterfarbe, doch sie zählt eine Reihe frühjahrsblühender Sorten, die herrlich ausdauernde Farbteppiche bilden; allerdings sollten sie getrennt von den in reinen Farben blühenden Zwiebelblumen stehen. Ausgezeichnet sind sie mit Zwergkoniferen und in Gefäßen; die Blüte dauert meist sechs bis acht Wochen. 'Ann Sparkes' hat bronzefarbene Triebspitzen, dazu rosenrosa, zu violettpink dunkelnde Blüten.
Höhe: 15 cm; Breite: 45 cm.
Sehr winterhart.
Durchlässigen, sauren bis leicht kalkhaltigen Boden. Die windverträgliche *Erica* zieht eine offene, sonnige Lage vor, toleriert jedoch etwas Schatten.

Leucojum vernum
Märzbecher
Der mit seinen nickenden, hochgestielten Blütenglocken an winzige Tiffany-Lampen erinnernde Märzbecher zählt zu den elegantesten Frühlingsblumen. Jedes Blütenblatt ist zart grün abgesetzt. Besonders wirkungsvoll ist er direkt am Wasser.
Höhe: 35 cm; Breite: 15 cm.
Sehr winterhart.
Frischen Boden; Sonne bis lichten Schatten.

Magnolia stellata
Sternmagnolie
Diese langsam wachsende, strauchähnlichste Magnolie ist selbst für den kleinsten Garten geeignet. Das mit seinem eleganten, offenen Wuchs zu jeder Zeit attraktive Gehölz entfaltet seine weißen Spinnenblüten in der ersten Frühlingshälfte noch vor den Blättern.
Höhe: 1,20 m; Breite: 1,50 m.
Winterhart.
Nahrhaften, durchlässigen Boden; Sonne. In frostgefährdeten Lagen zur Blütezeit vor starker Morgensonne schützen.

Anemone blanda

***Crocus chrysanthus* 'Blue Pearl'**

Muscari armeniacum

***Narcissus* 'Actaea'**

Muscari

Traubenhyazinthe

Diese bezaubernden, unkomplizierten Zwiebeln verbreiten sich im Nu, wo sie sich wohlfühlen. *M. armeniacum* ist die am häufigsten anzutreffende Art; ihre dichten, tiefvioletten Blütentrauben wirken wie winzige langgestielte Weintrauben. *M. neglectum* ist mit weiß geränderten schwarzblauen Blüten vielleicht eine noch bessere Wahl; beide Arten vermehren sich willig. Zierlicher als *M. armeniacum* ist *M. botryoides* 'Album' mit schlanken, 2–5 cm langen, duftenden weißen Blütentrauben.
Höhe: bis 20 cm; Breite: 5 cm.
Sehr winterhart.
Jeden durchlässigen Boden; Sonne bis lichten Schatten.

Narcissus

Narzisse, Osterglocke

Ohne die ersehnten Narzissen wäre der Frühling kein Frühling. Die riesige Zahl der Hybriden wird entsprechend ihrer Blütenform in Gruppen unterteilt – groß- oder kleinkronig, gefüllt, mehrblütig usw. Zu den attraktivsten zählen 'Thalia' mit weißen Blüten (eine schöne Ergänzung zu Schachbrettblumen) und 'Tête-à-Tête' mit immer wiederkehrenden leuchtend gelben Blütenmassen. 'Actaea' wird hauptsächlich ihrer späten Blüte wegen geschätzt. Diese fröhliche Gesellschafterin der Tulpen zeichnet sich durch ein glitzernd weißes Perianth, eine winzige, orange geränderte Trompete sowie herrlichen Duft aus. Die goldenen Blüten der unverkennbaren *N. cyclamineus* erinnern mit ihren zurückgebogenen, langgezogenen Perianthsegmenten und der langen, schmalen Krone an Alpenveilchen. Von ihr stammen viele spektakuläre Zwerghybriden ab, darunter 'February Gold', 'Peeping Tom' und 'Jetfire'. Die Stiele von *N.* 'Rip van Winkle' neigen sich unter dem Gewicht seiner zerschlitzten gelben Blüten. Diese Sorte ist eine sehr gute, ungewöhnliche Wahl für kleine Schalen auf der Terrasse.
Höhe: 15 cm (*N.* 'Tête-à-Tête); 20 cm (*N. cyclamineus* und *N.* 'Rip van Winkle'); 30 cm (*N.* 'Thalia'); 45 cm (*N.* 'Actaea').
Sehr winterhart.
Jeden durchlässigen Boden; möglichst volle Sonne.

Prunus

Zierkirsche, Zierpflaume

Zu dieser großen Familie zählen einige der beliebtesten frühjahrsblühenden Bäume. Sie sind sämtlich laubabwerfend und erblühen kurz vor oder mit dem Blattaustrieb. 'Snow Goose' blüht weiß, 'Okame' neonpink. Die Japanische Aprikose *P. mume* 'Beni-shidori' blüht dunkelpink. Ein anmutiger Baum ist die Yoshino-Kirsche *P.* x *yedoensis.* 'Ivensii' ist eine Selektion mit horizontal abgespreizten Ästen, rosa Knospen und weißer Blüte. Bei wenig Platz ist die Säulenkirsche *P.* 'Amanogawa' mit halb gefüllten, hellrosa Blüten eine gute Wahl. Ihre Blätter treiben bronze getönt aus und färben sich im Herbst rot. Eine Alternative wäre *P.* 'Spire' mit blassrosa Blüten und schöner Herbstfarbe.
Höhe und Breite: um 8 m; *P.* 'Amanogawa' Breite bis 4 m, *P.* 'Spire' bis 7 m.
Winterhart.
Jeden halbwegs nahrhaften Boden; volle Sonne. Leicht kalkhaltigem Boden scheinen sie nicht abgeneigt.

Tulipa

Tulpe

Diese wohl bekannteste Zwiebelblume mit einer Unmenge prächtiger Farben ist ideal für Rabatten und Container. Die Zahl der schillernden Hybriden beläuft sich auf Hunderte, wenn nicht gar Tausende, und jedes Jahr bringen Züchter neue Sorten auf den Markt. Die Farben reichen von Weiß und Creme über Gelb, Rot und Rosa bis hin zu düsterem Violett, wobei manche Blüten zwei- oder mehrfarbig sind. 'Spring Green' blüht rahmweiß mit breiten grünen Streifen. Schwarze Tulpen sind hochbegehrt; 'Queen of the Night' ist eine der schönsten, mit Blüten in dunklem Violettschwarz. 'Dreamboat' kombiniert Rot mit Bernsteingelb, Gelb und Grün-Bronze. 'Chopin' trägt große, einfache, gelbe Blüten mit roten Streifen und dazu hübsch gefleckte Blätter. Diese Tulpe wirkt sehr schön mit Primeln und Zwergnarzissen. Mit einer Unterpflanzung aus sattblauen Veilchen ist sie eine perfekte Topfbepflanzung. Ungewöhnlich ist die Tulpe 'West Point' mit auffälligen, goldgelben Blüten, und eine ebenso auffällige Hybride ist 'Striped Bellona' mit hinreißenden rot-gelb gestreiften Blüten.
Höhe: bis 60 cm.
Sehr winterhart.
Jeden nicht ständig nassen, möglichst schweren Boden; volle Sonne; nicht zu windexponiert.

Narcissus cyclamineus

***Prunus* 'Amanogawa'**

***Tulipa* 'Queen of Night'**

***Tulipa* 'Chopin'**

SOMMER

Achillea filipendulina
Schafgarbe
Die spätsommerlichen flachen, schwefelgelben Blütenteller auf steifen Stielen halten ihre Farbe gut und sind eine dankbare Zutat für winterliche Trockensträuße.
Höhe: 1,20 m; Breite: 60 cm.
Winterhart.
Durchlässigen, frischen Boden; Sonne.

Agapanthus
Schmucklilie
Diese schönen Pflanzen bringen im Spätsommer trompetenförmige Blüten über einem dichten Strauß langer, riemenförmiger Blätter hervor. *A. africanus* ist immergrün mit tiefblauen Blüten. *A. praecox* ist ebenfalls immergrün; seine etwas spätere Blüte reicht bis in den Herbst. Eine frostverträglichere Hybride ist die robuste 'Loch Hope' mit tiefblauen Blüten.
Höhe: 1,20 m; Breite: 60 cm.
Bedingt winterhart; frostempfindlich *(A. africanus* und *A. praecox)*.
Nahrhaften, gleichmäßig frischen, aber nicht nassen Boden; volle Sonne. Mit trockenem Mulch vor Frost schützen.

Allium
Lauch
Gemeinsames Kennzeichen aller Lauchgewächse – von der Gemüsezwiebel bis zum Zierlauch – ist der Zwiebelgeruch. Ihre auffälligen blauen, weißen oder gelben Blütenstände verwandeln sich in dekorative Samenstände. Die fliederfarbenen Blüten des Sternkugellauchs *(A. christophii)* glänzen in der Sonne metallisch. Der Riesenlauch *(A. giganteum)* ist einer der höchsten, mit großen violetten Blüten. *A. hollandicum* 'Purple Sensation' ist niedriger und von dunklerem Violett.
Höhe und Breite: 60 cm x 18 cm *(A. christophii)*; 170 cm x 15 cm *(A. giganteum)*; 100 cm x 10 cm *(A. hollandicum* 'Purple Sensation').
Winterhart *(A. christophii* bedingt winterhart).
Jeden durchlässigen Boden; Sonne (etwas Schatten ist akzeptabel).

Bougainvillea
Diese wüchsige, dornenbewehrte Kletterpflanze ist im Freiland nur etwas für warmes Klima. Die lang anhaftenden Blüten sind eigentlich farbige Hochblätter. *B. x buttiana* ist eine große Hybridengruppe mit weißen, gelben, violetten oder roten Blüten. Die Art *B. glabra* blüht weiß oder magentarot, häufig mit gewelltem Rand.
Höhe und Breite: 10 m.
Frostempfindlich.
Nahrhaften, durchlässigen Boden; volle Sonne bis lichten Schatten.

Ceanothus
Säckelblume
Diese teils immergrünen Sträucher bedecken sich so begeistert mit blauen Blüten, wie es ihnen keine andere Pflanzengruppe gleichtut. In kühleren Gegenden sollte man sie am besten locker an einer warmen Wand aufbinden. Die Art *C. dentatus* wächst breiter als hoch und blüht tiefblau. *C.* 'Burkwoodii' ist von hellerem Blau; *C.* 'Italian Skies' blüht in der gleichen Farbe, ist jedoch breiter im Wuchs. Sie alle sind immergrün.
Höhe und Breite: um 1,50 m.
Bedingt winterhart.
Jeden durchlässigen Boden; volle Sonne. In kalten Gegenden am besten als Wandstrauch.

Cistus
Zistrose
Diese Sträucher gehören in den mediterranen Garten: Je heißer und trockener, desto besser. Die vergänglichen Seidenpapierblüten halten nur einen Tag, doch meist öffnen sich immer wieder neue. *C. x aguilarii* 'Maculatus' blüht weiß mit kastanienbraunem Mittelfleck; *C. creticus* blüht in leuchtendem Rosarot.
Höhe und Breite: bis 1,20 m.
Bedingt winterhart.
Kargen, sehr durchlässigen Boden; volle Sonne. In kalten Gegenden kann Winterschutz notwendig sein.

Cosmos atrosanguineus
Schwarze Kosmee
Dies ist die Pflanze des Schokoladenliebhabers, denn ihre einfachen, samtig schwarzroten Blüten, die sie über einen langen Zeitraum von Mittsommer bis zum Herbst hervorbringt, duften tatsächlich unwiderstehlich nach geschmolzener Schokolade. Platzieren Sie sie im vorderen Bereich der Rabatte, damit Ihnen der Geruch nicht entgeht.
Höhe: 75 cm; Breite: 45 cm.
Bedingt winterhart.
Halbwegs nahrhaften, durchlässigen Boden; Sonne. In kalten Gegenden ist Winterschutz ratsam.

Crocosmia 'Lucifer'
Montbretie
Diese schönste Montbretie ist robust mit steifen, fein plissierten Blattschwertern und großen Blütenständen von Mittsommer an. Die Blätter sind attraktives Beiwerk zu Sträußen.
Höhe: 1,20 m; Breite: 8 cm.
Bedingt winterhart.
Jeden Gartenboden; Sonne bis lichten Schatten. Zu heiße, trockene Standorte meiden.

***Agapanthus* 'Loch Hope'**

Allium christophii

Bougainvillea glabra

***Crocosmia* 'Lucifer'**

***Dahlia* cultivars**

Dahlie

Die vielen Dahliensorten erfüllen den Garten im Spätsommer und Frühherbst mit einem Farbfeuerwerk. Wie bei anderen stark hybridisierten Pflanzengruppen, werden auch hier jedes Jahr neue Sorten eingeführt; die beste Auswahl findet sich in Versandkatalogen. Die Blütengestalten reichen von der Riesendahlie über Kaktus- und Seerosendahlien bis hin zu Ball- und Pompondahlien und den kleinen Mignons, immer jedoch in unübersehbarem Weiß, Pink, Gelb, Orange und Rot. Knipsen Sie die Triebspitzen ab, um die Pflanze buschig zu halten; Ausputzen regt die Knospenbildung an.

Höhe und Breite: Je nach Sorte bis 1,50 m x 60 cm (Balkondahlien bis 45 cm hoch).

Frostempfindlich.

Die meisten durchlässigen, vorzugsweise fruchtbaren Böden; volle Sonne. Hohe Sorten müssen angebunden werden.

***Echinops ritro* 'Veitch's Blue'**

Blaue Kugeldistel

Diese robuste, etwas raubeinige Pflanze ist der Schwarm der Bienen, wenn sich ihre blauen Blütensterne öffnen. Auch das stachlige graugrüne Laub ist sehr attraktiv.

Höhe: bis 120 cm; Breite: 45 cm.

Winterhart.

Jeden, selbst kargen Boden; Sonne.

Ipomoea nil

Prunkwinde

Die trichterförmigen Blüten dieser als Einjährige gezogenen Kletterpflanze sind meist ein klares Blau, doch violette, rote und weiße Blüten sind auch möglich. *I. indica* trägt trichterförmige, blauviolette Blüten.

Höhe und Breite: bis 3–4 m.

Sehr frostempfindlich.

Halbwegs nahrhaften, durchlässigen Boden; Sonne.

Lilium

Lilie

Die für den Garten gezüchteten Lilienhybriden sind am unkompliziertesten. 'Black Beauty' trägt dunkelrote Türkenbundblüten und zählt zu den wohlriechendsten. 'Eros', ebenfalls eine duftende Türkenbundlilie, blüht rosa-orange. 'Brushmarks', eine der vielen sogenannten Asiatischen Hybriden (kräftige Pflanzen mit großen Blüten), blüht tieforange mit roter Zeichnung.

Höhe: bis 1,20 m.

Winterhart.

Durchlässigen Boden; Sonne (möglichst mit schattigem Fuß).

Pelargonium

Geranie, Pelargonie

Diese beliebten Pflanzen blühen den ganzen Sommer lang überreich in sämtlichen Schattierungen von Pink, leuchtend Rot und Weiß. Kombinieren Sie sie in Beeten, Hängekörben, Balkonkästen und anderen Gefäßen am besten mit anderen frostempfindlichen Stauden wie Verbenen und Kapastern (*Felicia*). Es gibt mehr Hybriden, als sich aufzählen lassen; die Einteilung in Gruppen ist daher üblich. Hängepelargonien tragen fleischige, schirmartige Blätter an rankenden Trieben und sind ideal als Randbepflanzung großer Kübel. Die große Gruppe der Zonale-Hybriden umfasst die als typisch betrachteten Geranien mit dunkel gebändertem Blatt. Edelpelargonien wachsen aufrecht, mit großen, dunklen Blüten.

Höhe und Breite: meist bis 45 cm.

Sehr frostempfindlich.

Jeden durchlässigen Boden; volle Sonne. Vermischen Sie für Containerpflanzung die Blumenerde mit Splitt oder Perlit.

Plumbago capensis

Kapbleiwurz

Diese südafrikanische Kletterpflanze wird ihrer ansprechenden himmelblauen Blüten wegen gezogen, die sie über einen Großteil des Sommers hervorbringt. Sie muss an eine Rankhilfe angebunden werden. In kalten Gegenden wird sie häufig im Wintergarten als nicht wuchernde Kübelpflanze gezogen.

Höhe und Breite: 1,50 m, an geeignetem Standort mehr.

Frostempfindlich.

Durchlässigen Boden; Sonne bis lichten Schatten.

***Salvia × sylvestris* 'May Night'**

Gartensalbei

Zur großen Salbeifamilie zählen viele lohnenswerte Gartenpflanzen. Diese schmückt sich mit hohen indigoblauen Blütenkerzen.

Höhe: 70 cm; Breite: 45 cm.

Winterhart.

Halbwegs nahrhaften, durchlässigen Boden; Sonne bis lichten Schatten.

Thunbergia alata

Schwarzäugige Susanne

Diese in kalten Gegenden meist als Einjährige behandelte Kletterpflanze kann man sehr schön aus Hängekörben herabranken lassen. Die einfachen Blüten haben einen auffällig violett-braunen Schlund, dem sie den Namen verdanken.

Höhe: bis 2 m; Breite: 25 cm (mehrjährig höher).

Sehr frostempfindlich.

Toleriert fast jeden Boden in Sonne oder lichtem Schatten.

***Dahlia* 'Claire de Lune'**

Ipomoea indica

***Lilium* 'Eros'**

***Pelargonium* 'Black Magic'**

HERBST

Acer palmatum
Fächerahorn
Seine Blätter sind die ganze Gartensaison attraktiv, doch im Herbst schlägt der japanische Ahorn mit gelb, rot und orange gefärbtem Laub eine ganz neue Gangart an. Abhängig vom Wetter variiert diese flüchtige Vorstellung von Jahr zu Jahr. Auch die Bodenbeschaffenheit kann Unterschiede bewirken; die meisten Ahorne färben auf saurem Boden am intensivsten aus. Es gibt unzählige Selektionen, darunter nicht wenige mit zart filigranem Laub.
Höhe und Breite: Je nach Sorte 1,20–8 m.
Winterhart.
Jeden Boden, vorzugsweise mit Lauberde vermischt und nahrhaft; leicht beschatteten Standort. Vor starkem Wind und Spätfrost schützen.

Aster* × *frikartii
Die margeritenähnlichen Blüten dieser Staude öffnen sich im Spätsommer und Herbst in dunklem Blauviolett mit orangegelber Mitte. 'Mönch' blüht sehr lange und lavendelblau.
Höhe: 70 cm; Breite: 40 cm.
Winterhart.
Durchlässigen, nicht allzu nahrhaften Boden; volle Sonne.

Cotoneaster
Zwergmispel
Die Zwergmispeln gedeihen in vielen Situationen, die andere Pflanzen verabscheuen. Zu den schönsten für den Herbst zählt die laubabwerfende Fächerzwergmispel *(C. horizontalis)* mit leuchtend roter Herbstfarbe; zeitgleich mit dem Laubfall reifen die Beeren rot aus. Gute Herbstfarbe haben auch die leuchtend roten Beeren des immergrünen bodendeckenden *C. cashmiriensis*.
Höhe und Breite: 1 m × 1,50 m *(C. horizontalis)*; 30 cm × 2 m *(C. cashmiriensis)*.
Winterhart.
Die meisten Böden in Sonne bis lichtem Schatten. *C. cashmiriensis* verträgt tiefen Schatten.

Kniphofia
Fackellilie
Manche Fackellilien zeichnen sich durch eine bis weit in den Herbst reichende Blüte aus. 'Royal Standard' treibt 80 cm hohe Blütenkerzen, die unten zitronenfarben und oben karmesinrot blühen. 'Toffee-nosed' ist passend benannt; diese bis 1 m hohe Hybride blüht rahmgelb mit karamellbrauner Spitze. Hohe Fackellilien sollten möglichst einzeln stehen, die kleineren sind ausgezeichnet in Rabatten.
Höhe: um 1 m; Breite: um 60 cm, je nach Sorte.
Winterhart (einige wenige bedingt winterhart).
Der Boden sollte im Sommer nicht austrocknen und im Winter nicht zu nass sein; Sonne.

Parthenocissus
Wilder Wein
Diese ihrer Herbstfarbe wegen gezogenen Blattpflanzen beranken mit Hilfe ihrer Haftorgane jede stabile Wand. *P. henryana* trägt dunkelgrüne Blätter mit silbernen Markierungen, die sich im Herbst rot färben. *P. tricuspidata* ist der bekannte Kletterwein. Versuchen Sie ihn einmal im Geäst eines winterkahlen Baumes. Die Auslese 'Veitchii' treibt im Frühjahr violett aus, reift grün und färbt sich im Herbst rot-violett.
Höhe und Breite: 10 m *(P. henryana)*; 20 m *(P. tricuspidata)*.
Winterhart; *P. henryana* bedingt winterhart.
Nahrhaften, durchlässigen Boden; Sonne bis Halbschatten.

Rudbeckia fulgida
Sonnenhut
Diese Pflanze bietet im Herbst einen leuchtenden Anblick; über dichtem Laub trägt sie gelbe oder orange Blüten mit schwarzer Mitte.
Höhe: 60 cm; Breite: 30 cm.
Sehr winterhart. Gedeiht auf den meisten Böden; Sonne.

Sedum spectabile
Fetthenne
Diese Fetthenne trägt im Herbst über fleischigen graugrünen Blättern bei Bienen und Schmetterlingen sehr beliebte flache Blütenteller aus duftenden rosa Blüten. Die lange haltenden Blüten färben sich nach und nach kräftig braun. Zu den Sorten zählen 'Herbstfreude' und 'Brilliant' sowie weniger robuste weiße Sorten.
Höhe und Breite: 45 cm.
Sehr winterhart.
Jeden, sogar kargen, durchlässigen Boden; volle Sonne.

Sorbus
Eberesche, Mehlbeere
Die Ebereschen sind schöne lichte Bäume für den Stadtgarten, denn sie tolerieren Luftverschmutzung. Die meisten tragen im Herbst Beeren, die Vögel anlocken. Der schmal aufrecht wachsende Vogelbeerbaum *S. aucuparia* 'Fastigiata' ist gut geeignet bei sehr beengtem Raum. Seine Beeren reifen im Herbst, während das Laub sich rot oder gelb färbt. Die weißen Beeren der Kaschmir-Eberesche *(S. cashmiriana)* haften noch nach dem Laubfall an.
Höhe und Breite: bis 10 m × 7 m; *S. cashmiriana* 4 m × 3 m.
Winterhart.
Jeden durchlässigen Boden; Sonne bis lichten Schatten.

Aster* × *frikartii

Rudbeckia fulgida

***Sedum* 'Herbstfreude'**

Sorbus cashmiriana

WINTER

Acacia
Akazie

Die Akazien sind schöne Bäume oder Großsträucher, die im Spätwinter zu ihrem farnartigen grauen Laub große Mengen flaumiger, kükengelber Blüten hervorbringen. *A baileyana* wird meist größer als die Silberakazie *(A. dealbata)*, die eine entzückende Wahl für einen geschützten Innenhof ist. Akazien sind unglaublich schnellwüchsig, lassen sich jedoch gut beschneiden und auch als Wandstrauch ziehen.
Höhe: 6 m; Breite: 4 m; bei Kübelhaltung und als Wandstrauch kleiner.
Frostempfindlich.
Nicht allzu nahrhaften, frischen, durchlässigen Boden; Halbschatten. Toleriert auch trockeneren Boden.

***Clematis cirrhosa* 'Freckles'**
Waldrebe

Diese Waldrebe zählt zu den wenigen im Winter blühenden Kletterpflanzen. Das Laub nimmt bronzefarbene Töne an, die attraktive Folge eines plötzlichen Kälteeinbruchs.
Höhe und Breite: bis 6 m.
Bedingt winterhart.
Nahrhaften, durchlässigen, möglichst kalkhaltigen Boden; Sonne bis lichten Schatten. In kalten Gegenden am besten an einer warmen Wand.

Cyclamen coum
Alpenveilchen

Dieses wilde Alpenveilchen ist von unschätzbarem Wert als (allerdings nicht immergrüner) Bodendecker in trockenem Schatten. Die zarten purpurvioletten, rosa oder weißen Blüten mit den charakteristischen hochgebogenen Petalen erscheinen vom Spätherbst bis in den Winter. 'Album' ist eine Selektion, die ausschließlich weiß blüht. Die Blätter sind hübsch marmoriert.
Höhe: 8 cm; Breite: 10 cm.
Winterhart.
Nicht allzu nahrhaften, frischen, durchlässigen Boden; Halbschatten. Toleriert auch trockeneren Boden.

Galanthus
Schneeglöckchen

Jeder liebt das Schneeglöckchen, einen der frühesten winterlichen Zwiebelblüher. *G. nivalis* ist die am häufigsten anzutreffende Art; Schneeglöckchen lassen sich jedoch so bereitwillig kreuzen, dass es zahlreiche benannte Sorten gibt. 'Flore Pleno' trägt gefüllte Blüten mit grün betupften Spitzen. *G.* 'Atkinsii' trägt lange Blütenblätter und breites, graugrünes Laub.
Höhe und Breite: 10 cm.
Sehr winterhart.
Gleichmäßig frischen Boden, möglichst während der Ruheperiode beschattet – ideal ist ein Platz unter einem sommergrünen Baum oder Strauch.

Hamamelis
Zaubernuss

Zusätzlich zur stark duftenden, spinnenbeinigen Blüte zeichnen sich die meisten Sorten durch eine schöne Herbstfärbung aus. *H.* x *intermedia* 'Vesna' blüht hell kupferrot und ist von wunderbarer Herbstfarbe. 'Pallida' öffnet in der zweiten Winterhälfte große schwefelgelbe Blüten.
Höhe und Breite: 4 m, langsam wachsend.
Winterhart.
Sehr nahrhaften, möglichst kalkfreien Boden; sonnigen, leicht windgeschützten Standort.

Helleborus
Nieswurz

Die Helleboren sind langlebige Pflanzen, die allmählich zu immer beeindruckenderen Horsten heranwachsen. Ist die Christrose *(H. niger)* erst einmal eingewachsen, so bringt sie mitten im Winter weiße glänzende Blüten hervor. Die etwas später blühende Lenzrose *(H. orientalis)* ist pflegeleichter und versamt sich häufig. Besonders begehrt sind die seltenen gelben und rein roten Formen.
Höhe und Breite: 30–45 cm.
Winterhart.
Jeden frischen, nicht ständig nassen, am liebsten kalkhaltigen Boden; Sonne bis Schatten.

***Skimmia japonica* 'Rubella'**
Skimmie

Skimmien wachsen zu ansprechend gerundeten, immergrünen Sträuchern heran und öffnen im Spätwinter süß duftende Blütenbüschel. Diese Sorte zeichnet sich durch Knospen in lebhaftem Rosa aus.
Höhe und Breite: 1,20 m.
Winterhart.
Nahrhaften, durchlässigen Boden; Halbschatten bis Schatten. Die meisten Skimmien bevorzugen leicht sauren Boden.

Viburnum tinus
Steinlorbeer

Diese Gattung hat für jede Jahreszeit etwas zu bieten – Blüten im Winter oder Frühjahr, Beeren oder sogar beides. *V. tinus* blüht weiß vom Spätwinter bis zum frühzeitigen Frühjahr, gefolgt von blauschwarzen Beeren. Die dunkelrosa Knospen von 'Gwenllian' öffnen sich weiß mit rosigem Schimmer.
Höhe und Breite: 3 m.
Bedingt winterhart.
Jeden nahrhaften, durchlässigen Boden; Sonne bis lichten Schatten.

***Galanthus* 'Atkinsii'**

***Hamamelis* 'Pallida'**

Helleborus orientalis

***Viburnum tinus* 'Gwenllian'**

Pflanzen zum Verzehr

Nichts übertrifft das Aroma selbst angebauten Gemüses. Selbst auf der winzigsten Terrasse lässt sich erstaunlich einfach das eine oder andere Gemüse und Küchenkraut ziehen. Schreckt Sie der Gedanke an einen ganzen Gemüsegarten, so bepflanzen Sie wenigstens ein paar Töpfe mit Kräutern, Blattsalat oder Tomaten. Selbst ein kleiner Apfelbaum lässt sich im Topf ziehen und eine Weinrebe an einem Rankgerüst oder einer Pergola.

EINFACHE GEMÜSEARTEN

Viele Gemüsearten lassen sich selbst auf der Terrasse oder im winzigen Garten ziehen, ob im Container oder im Hochbeet, und manche sind ausgesprochen dekorativ. Hier sind einige zuverlässige Sorten aufgelistet; schauen Sie jedoch auch in Samenkataloge, denn jedes Jahr gibt es neue Sorten.

Auberginen (*Solanum melongena*)
haben ähnliche Ansprüche wie Tomaten, benötigen jedoch eine lange Reifezeit und werden in rauen Lagen am besten unter Glas gezogen.

Kartoffeln (*Solanum tuberosum*)
fallen in die Kategorien Frühkartoffeln und Einkellerungskartoffeln. Vor dem Pflanzen müssen die Pflanzkartoffeln in einem hellen, kühlen, gut gelüfteten Raum angetrieben werden; manchmal werden sie auch angetrieben angeboten. Frühkartoffeln können in großen, tiefen Kübeln gezogen werden. 'Sieglinde' ist eine gute Salatkartoffel.

Kohl (*Brassica oleracea* Capitata Gruppe)
kann das ganze Jahr über angebaut werden. 'Marner Frührot' ist ein sehr früher, rotvioletter Rotkohl für Gemüse und Salate. 'Vertus' ist ein besonders frostverträglicher Wirsing, und 'Castello' ist ein guter Weißkohl für die Sommerernte.

Mangold (*Beta vulgaris* Cicla Gruppe)
ist ein höchst dekoratives Gemüse, das auch in den Ziergarten passt. Er hat große, glänzende, dunkelgrüne Blätter mit rahmweißem Stiel, beide essbar. Roter Mangold ist ähnlich, doch seine Stiele sind leuchtend rot; manche Sorten haben dunkel violett-grüne Blätter, andere grüne. Beide Arten werden Ende Frühjahr gesät, die Ernte reicht vom Spätsommer bis zum folgenden Frühjahr. Die Blätter werden einfach nach Bedarf von den ausgewachsenen Pflanzen gelöst.

Möhren (*Daucus carota*)
können für gestaffelte Ernten immer wieder nachgesät werden. 'Flyaway' ist eine Sorte für die frühe Haupternte, die sich durch ihre Resistenz gegen die Möhrenfliege auszeichnet.

Paprika (*Capsicum* species)
benötigt eine lange Reifezeit und einen warmen Standort. 'Bendigo' wird unter Glas gezogen. Zu den damit verwandten Peperoni zählt 'Cayenne' mit sehr scharfen Schoten, frisch und getrocknet zu verwenden.

Stangenbohnen (*Phaseolus coccineus*)
werden aus Samen gezogen; sie tolerieren etwas Schatten, wachsen recht schnell und besitzen eine dekorative Blüte. Sie können recht hoch werden und benötigen daher ein Klettergerüst, zum Beispiel ein Stangenzelt; aber auch einfache stabile Holzstangen erfüllen hier ihren Zweck.

Tomaten (*Lycopersicon esculentum*)
sind das ideale Terrassengemüse (genau genommen Frucht); sie lieben warme Temperaturen und gedeihen hervorragend in großen Kübeln oder direkt im Blumenerdesack. 'Tigerella' ist eine hübsche Sorte mit gelb gestreifter Frucht; ein hübscher optischer Effekt.

Zucchini (*Cucurbita pepo*)
sollten nicht vor dem letzten Frost nach draußen, sofern keine Abdeckglocken zur Verfügung stehen. Zucchini wächst meist buschig. Die Aussaat erfolgt vom Spätfrühling bis zum Frühsommer unter Glas; geerntet wird von Mittsommer an. Sorten sind zum Beispiel 'Ambassador' und 'Gold Rush'.

Zwiebeln (*Allium cepa*)
werden entweder gesät oder „gesteckt". Eine Herbst- und eine Frühjahrspflanzung garantieren durchgehende Ernte. 'Stuttgarter Riesen' werden im Frühjahr gesteckt und im Sommer geerntet. Eine zuverlässige Sorte ist beispielsweise die 'Red Baron'.

Lycopersicon esculentum

Phaseolus coccineus

Malus domestica

Prunus persica

SPALIEROBST

Nichts ist dem Obstliebhaber willkommener als eine sonnige Wand. Spaliere nutzen den vorhandenen Raum am ökonomischsten; Bäume dafür werden bereits vorgezogen angeboten. Liegt die Wand einen Großteil des Tages im Schatten, probieren Sie es mit Schattenmorellen.

Äpfel (*Malus domestica*) und Birnen (*Pyrus communis*)

sind in kälterem Klima gut zu pflanzen, da beide für eine reichliche Blüte niedrige Wintertemperaturen benötigen. Birnen reifen nur in einem gleichmäßig warmen Sommer und Herbst vollständig aus. Steht nur wenig Platz zur Verfügung, so wählen Sie auf Halbstamm veredelte Sorten.

Echter Wein (*Vitis vinifera*)

ist sowohl an einer Wand als auch an einer Pergola eine schöne Pflanze und kann als reine Zierpflanze gezogen werden. Für eine wohlschmeckende Ernte sollte nicht nur der Fruchtansatz, sondern auch die einzelne Traube zu einer wohlgeformten, nach unten schmaler werdenden Form ausgedünnt werden.

Feigen (*Ficus carica*)

sind ideale Terrassenfrüchte, da sie das Containerdasein geradezu lieben. In kalten Gegenden reifen nur jene Früchte aus, die sich am Anfang der Saison bilden. Entfernen Sie nach der ersten Sommerhälfte sämtlichen neuen Fruchtansatz.

Pfirsiche (*Prunus persica*)

sind ausgezeichnete Spalierfrüchte, doch in kalten Gegenden muss die Blüte vor Spätfrost geschützt sein. Die mit ihnen verwandten Nektarinen *(P.p.* var. *nectarina)* und Aprikosen *(P. domestica)* haben ähnliche Ansprüche. In rauen Lagen könnte eine Pflaume die bessere Wahl sein. Pfirsiche und Nektarinen, die an einer Wand zum Fächerspalier gezogen werden, sind sehr dekorativ. Die Lage muss warm und sonnig sein; Nektarinen benötigen mehr Wärme und sind frostempfindlicher.

Pflaumen (*Prunus* cultivars)

sind in vielen Klimagebieten winterhart; manche Sorten überdauern auch tiefe Temperaturen. Winterharte Sorten können offen stehen, weniger winterharte sollten am besten an einer warmen, sonnigen Wand gezogen werden. Die Blüte sollte vor Frost geschützt sein. Zu den Dessertpflaumen zählen 'Belle de Louvain' mit großen violetten Früchten und die süße 'Greengage'.

KRÄUTER UND BLATTSALATE

Die meisten Kräuter und Salate lassen sich im Container ziehen, was sie für die Terrasse sehr geeignet macht, zumal sie dort aller Wahrscheinlichkeit nach nur um Armeslänge von der Küchentür entfernt stehen. Nichts ist netter als einige Kräuter frisch vom Garten auf den Tisch.

Kräuter

unterscheiden sich von den meisten anderen Nutzpflanzen darin, dass sie keinen hohen Nährstoffbedarf haben und daher wie übliche Containerpflanzen gegossen und gedüngt werden. Eine ganze Kräuterkollektion, darunter Petersilie, Thymian, Basilikum, Salbei, Oregano und Majoran lässt sich in den Pflanzlöchern eines einzigen Topfes ziehen. Auch Schnittlauch gedeiht im Container; er schmückt sich im Sommer mit hübschen rosa Blüten. Die stark wuchernde Minze wird am besten in einen eigenen Topf verbannt.

Blattgemüse

für die Terrasse umfasst sämtliche Salatvarianten, vor allem die nachtreibenden Schnittsalate ('Bionda Foglia') sind gut. 'Little Gem' ist ein raschwüchsiger, frühschließender Eissalat. Eine Mischsaat von Salat, Endivien und Radicchio versorgt Sie mit einer bunt gemischten Palette.

BEDÜRFNISSE VON CONTAINER-GEMÜSE

Richtiges Wässern und Düngen sind jedoch unerlässlich, wenn die Pflanzen nicht nur dekorativ, sondern auch produktiv sein sollen. Obst und Gemüse in Containerhaltung darf nie austrocknen; sorgen Sie also für regelmäßiges – und durchdringendes – Gießen. Das meiste Obst reift nur in der Sonne richtig aus; platzieren Sie die Container daher an der hellsten Stelle. Stutzen Sie von Mittsommer an den Nachtrieb nötigenfalls zurück, damit die reifenden Früchte nicht beschattet werden. Regelmäßiges Düngen ist notwendig, um die Nährstoffe zu ersetzen, die dem Pflanzsubstrat recht schnell entzogen werden. Manche chemischen Dünger sind speziell auf bestimmte Früchte abgestimmt. Tomatendünger beispielsweise ist gut für die meisten fruchttragenden Gewächse; Blattgemüse benötigt einen hohen Stickstoffanteil. Die beste Ausbringungsmethode ist eine Wurzeldüngung. Der Biogärtner hält nach Produkten auf der Basis von Algenextrakten Ausschau.

Pyrus communis

***Vitis vinifera* 'Purpurea'**

Allium schoenoprasum

Beta vulgaris

Register

Kursive Seitenzahlen beziehen sich auf Illustrationen.

Register

Hersteller-adressen

Avantgardeners
Auf dem Bohnenkamp 89
28197 Bremen
(Vertrieb und Gestaltung, Pflaster- und Keramiksteine)

Casa Verde
Gruolerstraße 19
D-72401 Haigerloch

Classic Garden Elements Vertriebs GmbH
Goethestraße 27
65719 Hofheim am Taunus

Classic Green
Reiner Imdahl
Am Weiherhof 1a
52382 Niederzier

Country Garden Versand GmbH
Nagolder Straße 27
72119 Ammerbuch-Pfäffingen

Eisen im Trend Kunstschlosserei Hellmuth GmbH
Schopfenweg 11
97478 Knetzgau

Garpa
Kiehnwiese 1
21039 Escheburg
(Gartenmöbel, Rankgerüste und Gartenaccessoires)

Gartenbedarf-Versand Richard Ward
Günztaler Straße 22
87733 Markt Rettenbach
(Rankhilfen und Gartengeräte)

Glaskoch B. Koch jr. GmbH & Co KG
Postfach 1354
33033 Bad Driburg (Glasnuggets)
info@leonardo.de

Hersteller-adressen

Glatz AG
Garten- u. Großschirme
Neuhofstr. 12
CH-8503 Frauenfeld

Brigitte Peglow
Keramikwerkstatt
Wasserturmstraße 45
85737 Ismaning

PLUS GmbH
Bartholomaeusweg 12
91522 Ansbach
(Gartenzubehör, Accessoires)

Hamil Rath OHG
Scheffelstraße 17
22301 Hamburg
(Gartenzubehör, Accessoires)

Bruno Rodi
Mosaikwerkstatt
Markgrafenstraße 16
78467 Konstanz
www.mosaikhandwerk.de

Stiers Effects
Schwarzwaldstraße 30
81677 München
(Lichteffekte im Garten)

WEGO System Rankanlagen GmbH
Otto-Hahn-Straße 44-48
D-33104 Paderborn

Die Originalausgabe erschien unter dem Titel "Courtyard & terrace gardens – inspirational designs for outdoor living"

2. Auflage 2005
www.callwey.de, E-Mail: buch@callwey.de

Übersetzung aus dem Englischen von
Claudia Arlinghaus, Münster

Die Deutsche Bibliothek – verzeichnet diese Publikation in der Deutschen Nationalbibliografie; detaillierte bibliografische Daten sind im Internet über <http://dnb.ddb.de> abrufbar.

ISBN 3-7667-1551-8

Alle Angaben wurden gewissenhaft recherchiert und mit großer Sorgfalt überprüft. Dennoch kann eine Haftung für Änderungen oder Abweichungen nicht übernommen werden.

Englische Ausgabe
Herausgeber: Joanna Lorenz
Chefredakteurin: Judith Simons
Leitende Redakteurin: Caroline Davison
Grafikleitung: Clare Reynolds
Gestaltung: Louise Clements
Zeichnungen: Rob Highton
Lektorat: Alison Bolus, Penelope Goodare
Herstellung: Claire Rae

Deutsche Ausgabe
Umschlaggestaltung: Callwey Verlag
Satz: Edith Mocker, Eichenau

Printed 2005 in Slovenia

Danksagungen

Der Verlag möchte den folgenden Gartenbesitzern, Gartengestaltern und Einrichtungen seinen Dank dafür aussprechen, dass sie ihre Gärten für dieses Buch so großzügig fotografieren ließen. Sämtliche Fotografien von Stephen Wooster, sofern nicht anders angegeben.

o = oben u = unten m = Mitte l = links r = rechts

18 Balmuir Gardens, Putney, London 134ur
Mr. und Mrs. Batten, Kati Kati, Neuseeland 51u; 112o
Mrs Bilboul, London 26r; 126ol; 127ol (Design John Wyer von Bowles & Wyer, 3 Churchgates, Church Lane, Berkhamsted, Hertfordshire HP4 2UB; Tel. +44 1442 877200; Fax +44 1442 870484; admin@bowleswyer.co.uk; web www.bowleswyer.co.uk
Bill und Amanda Alexander, Crouch Hill, London (Design Lucy Summers) 69o; 159
Charlotte Gross, London (Design Declan Buckley/dbdesign@dircon.co.uk) 7
Chaumont 2001 48r, 121 und 123u ('Flowing Banisters'/Design Gardeners of the Conservatory); 66u und 135om ('Ribbons'/Design Sylvaine Dallot und Sabine Nebelung/ Skulptur Etienne Poule); 76–77 ('L'Archipel'/Design Shodo Suzuki Japan); 84o, 85o und 123or ('Aquatic Mosaiculture'/Design Jean Louis Cura, Marc Felix und Michelle Schneider); 99o, 128 und 131ol ('The Loire, Willows and Silken Stone'/Design Philippe Herlin und Daniel Jud); 102o ('Desert Sea'/Design Glass Garden USA und Green & Garden, France); 107 und 131ol ('Jacqueline's Garden'/Design Michel Gallais, Eva Demarelatrous und Michel Arnaud); 120 ('Risseau'/Design Monica Varengo und Gabrielle Gelati); 129l; 131ul
Clare Hall, Chiswick (Eigentümerin/ Design) 61; 135ur
Declan Buckley und Bernard Hickie 47; 74; 81; 83r; 86l; 132
(Design Declan Buckley/dbdesign@dircon. co.uk und Bernard Hickie/bernard hickie@ mac.com
East Ruston Old Vicarage, Norfolk (Design Alan Gray und Graham Robeson) 27l; 58–59; 122or; 130ul; 142l
Ekow Eshun 43ur; 105c (Design Declan Buckley/dbdesign@dircon.co.uk)
Ellerslie Flower Show 2001, Neuseeland 41u ('Earth in Design'/Design Sonya Findlay); 78 ('Peace Foundation'); 99u ('Contemporary Cubes'/Design Trish Waugh); 106u ('Beach, Bush and Backyard'/Design Auckland Regional Council); 109 ('Garden Tours of South Australia'); 110r ('Welcome to Manakau'/Design Nigel Cameron)
Eric und Sue Faesenkloet, Takapuna, Neuseeland (Design Ted Smyth) 2–3; 44u; 112u
Forge Cottage, Jasper's Green, 135ol; 135or (Design Carolynn Blythe)
Gerad Kite, London 88–91 (alle) (Gartendesign Declan Buckley/ dbdesign@dircon.co.uk; Gartenarchitektur Robert Kite/Kitescape Tel. 020 7738 6512)
Hamilton Botanic Garden, Neuseeland 65u; 76o; 123om
Hill Spink Design 32–35 (alle außer 34o); 122ur
Gordon und Joy Fisher, Papamoa, Neuseeland 96; 113o; 123ol; 127u
Grahame Dawson und Alex Ross, Auckland, Neuseeland 14; 20; 41o; 135ul
Jan und Stephen Franklin, Greenhithe, Neuseeland 70–73 (alle außer 72ul und ur; 72o; 73ol und or)
Jane Hicks, Holly House, London 50
Jennifer Diamond, London (Design John Wyer von Bowles & Wyer, 3 Churchgates, Church Lane, Berkhamsted, Hertfordshire HP4 2UB; Tel. +44 1442 877200; Fax +44 1442 870484; admin@bowleswyer.co.uk; web www.bowleswyer.co.uk) 18; 134om;
Jenny Rogers, London 43ul; 113u und 127or (Design Declan Buckley/ dbdesign@dircon.co.uk)
Joan Clifton, London (Eigentümerin/Design) 135or; 160
John Tordoff (Eigentümer/Design) 48l; 80; 82l; 83l; 86r
Leeann Roots, London (Eigentümerin/Design) 68
Little Cottage, Lymington 131u (Foto Jo Whitworth)
Michael Bowie, Auckland, Neuseeland 19; 124r; 126or; 130or (Nigel Cameron Design)
National Garden Exhibition Centre ('The Family Garden'/Design John Ketch) 84u; 134ol ('The Sensory Garden'/Design Louise Burns)
Renée Lynch, London (Design Sally Court) 79; 82r; 123ul; 126ur; 138r; 139r
RHS Chelsea Flower Show 2001 (alle Fotos von Peter Anderson) 13 ('The Carpet Garden'/Design Michael Miller und The Prince's Foundation); 22o; 25 und 102u ('Circ Contemporary Man's Garden'/Design Andy Sturgeon); 49l (Design Tom Stuart-Smith); 49r (Design Andy Sturgeon); 85u; 72ur; 104l; 126ul; 130ol ('The Sensory Garden'); 131or ('The Garden of Tranquillity'/ Design Charles Funke Associates); 104m; 156; 157 ('A Garden for Learning'/Design Woodford-West)
RHS Hampton Court Flower Show 2002
42; 136 ('Mercedes Benz Garden'/Design Sarah Urbele); 86c ('Eastern Promise'/Design Jane Rendell und Sarah Tavender); 97 und 101o ('P&O Cruises Tropical Experience'/Design Jane Mooney); 101u ('Fresh Faces'/Designscape); 110l, 126u und 135u ('The Specsavers Garden'/ Design Lee Jackson und Naila Green); 111 ('Mitsubishi Urban Chic'/Design The Courseworks Design Team); 129r ('Babylon'/Design Sally Fell); 4–5; 131om ('The Paradise Garden'/Design Elizabeth Apedaile)
RHS Tatton Park Flower Show 2001
52–55; 122om; 134u ('Living Edge'/John Lewis Garden/Design Butler Landscapes Design and Construction, Oaklea Cottage, Wem Lane, Prees Green, Whitchurch, Shropshire SY13 2BW, Tel. +44 1948 841079, butler.landscapes@virgin.net); 66o ('Food for Thought'/Design Becky Lomas und Mark Payne); 94, 100; 122ol und Vorsatzblatt ('Garden of Illusion'/Design Andy Stockton, Daniel Sterry und Adam Ash); 126om ('The Stonemarket Garden'/Design Geoffrey Whiten); 158
Ron Sang, Auckland, Neuseeland (Gartendesign Ted Smyth/Architekt Rong Sang) 45, 94 (beide); 105l; 133
Sir Miles Warren, Christchurch, Neuseeland 31ul und ur; 125
Sumil Wickes, London (Design Lara Copley-Smith) 40; 46u; 82m; 87l; 122u; 123ur
Susan Sharkey, Brentford (Eigentümerin/Design) 23; 48m; 58t
Ted Smyth Design, Takapuna, Neuseeland 114–117 (alle)
The Dillon Garden, Dublin (Eigentümerin/Design Helen Dillon) 21; 118; 122ul
The Heatley Garden, Takapuna, Neuseeland (Design Margaret Phillips und Michael Poulgrain) 16–17 (alle); 24; 36; 44o; 98l; 130ur
The New Art Centre Sculpture Park and Gallery, Roche Court, nahe Salisbury, Wiltshire 134ul ('Hermetic Numerals' von John Das Gupta)
The Puttnam Garden, Ireland (Design Verney Naylor) 60; 65o
Trevyn McDowell 38–39 (beide); 127om (Design Paul Thompson)
West Green House Garden, nahe Hartney Wintney, Hampshire (Design Marylynn Abbott) 130u

Weitere Fotos in diesem Buch stammen von:
Andrea Jones 142mr; 143ml; 144mr; 145r; 146r; Caroline Arber 72ul; 139mr; Debbie Patterson 51o; 130om; 134or; Jo Whitworth 8 (Ilford Manor, Bradford-Upon-Avon, Wiltshire); 9 (13 College Cross, Islington, London/Design Diana Yakeley); 67; 124l (RHS Hampton Court Flower Show 1999/'Feng Shui Garden'/Design Pamela Woods); 131ur; 131u; 146ml; Jonathan Buckley 29u (RHS Chelsea Flower Show 1999); 34o; 62 (RHS Chelsea Flower Show 1999); 127ul; 127ur; 138l; 140l; 142ml; 143l; 144l; 148l; 148ml; 148r; 149l; 149mr; 149r; 150ml; 150r; 151l; 151ml; 154ml; 155ml; 155mr; 155r; Marie O'Hara 151r; Michelle Garrett 143r; 144r; Peter Anderson 140ml und mr; 140r; 141mr; 145l; 145ml; 145mr; 147ml; 149ml; 151mr; 152r; 153l; 153ml; 153mr; 153r; 154l; 154mr; 154r; 155l; Sarah Cuttle 46o; Simon McBride 10; 146l; 147l; 147r; 152mr

Der Verlag dankt des Weiteren den folgenden Fotoagenturen und Fotografen, deren Bilder in diesem Band veröffentlicht sind:
Jonathan Buckley 104r (RHS Chelsea Flower Show 2001/'Circ Contemporary Man's Garden'/ Design Andy Sturgeon); Garden Exposures Photo Library 22u (Foto Andrea Jones); 87r (Foto Andrea Jones/Jardin Atlantique, Paris); Steven Wooster 6; 11 (Chelsea Flower Show 2000/ Design Brinsbury College); 12 (Michael Reed, Auckland, Neuseeland); 28 (RHS Chelsea Flower Show 2000/'The Garden of Reflections'/Design Allison Armour); 31o Boardman Garden; 43o (Liz Morrow, Auckland, Neuseeland); 63 Dennis Greville, Christchurch, Neuseeland; 64 Mrs. Cooke, Auckland, Neuseeland; 69u RHS Chelsea Flower Show 1999/The Conran Garden; 103 RHS Hampton Court Flower Show/ Design Bonita Bulaitis; 106o (Shirley und Terry Hooper, Auckland, Neuseeland (Design Nigel Cameron Design); 108 Millennium Harbour/Design Michèle Osborne; The Garden Picture Library 30 (Foto Graham Rice); 98ur (Foto John Glover)

Schließlich gilt unser Dank der Firma The Chelsea Gardener (125 Sydney Street, London SW3 6NR, Tel. +44 20 7352 5656, Fax +44 20 7352 3301), die uns freundlicherweise Pflanzen und Accessoires für die Fotos zur Verfügung stellte.

Anmerkung

Jede Pflanze in diesem Teil ist entsprechend ihrer Winterhärte gekennzeichnet.

Beurteilung der Winterhärte

Sehr frostempfindliche Pflanzen können bei Temperaturen unter 5°C Schaden nehmen.

Frostempfindliche Pflanzen überstehen Temperaturen bis 0°C.

Bedingt winterharte Pflanzen überstehen Temperaturen bis –5°C, bei günstigen Bedingungen (s.u.) auch mehr.

Winterharte Pflanzen vertragen Temperaturen bis –15°, bei günstigen Bedingungen (s.u.) auch mehr.

Sehr winterharte Pflanzen vertragen extreme Tieftemperaturen.

Zu den Bedingungen, die die Winterhärte von Pflanzen positiv beeinflussen, zählen Schutz vor kalten oder austrocknenden Winterwinden, Schutz vor Morgensonne, sehr gut dränierter Boden, konstante Schneedecke, warmer, geschützter Standort (z.B. durch Wärme reflektierende Mauern, temperaturausgleichend wirkende Wasserflächen, keine Tieflage = Kältefalle).